비토섬 위성 사진

별주부전 테마파크 제2개별기획안 등고선법 배치도

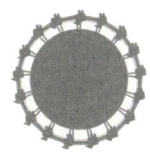

테마파크 스토리텔링 기획의 실제

강만진 지음

도서
출판 경남

머리말

국내 테마파크의 효시는 1909년 동물원, 식물원 등의 콘셉트로 개장한 창경원으로 본다. 그러나 이듬해 한일합방이 되었으니 당시 사람들이 창경원이라는 놀이공원에서 웃어도 웃는 게 아니었을 것이다. 한국의 테마파크는 그런 질곡의 역사를 안고 출발했다.

세월을 훌쩍 넘어 100여 년이 지난 지금은 민주화와 경제 성장을 성취하여 오락을 마음 놓고 즐길 수 있는 환경이 마련되어 있다. 그러나 국내에서 완성도 높고 세련된 테마파크를 만나는 것이 그리 쉽지 않다. 미국은 이미 약 50년 전쯤에 디즈니랜드를 선보여 세계적으로 센세이션을 일으키며 테마파크 산업을 주도했는데도 말이다.

국내의 훌륭한 테마파크가 많지 않은 이유는 고도의 경제성장을 이룬지 얼마 되지 않은 탓도 있지만, 그동안 테마파크 분야가 학문으로 제대로 정립되지 않아 교육현장에서 체계화된 인력을 배출하기 어려웠기 때문이다. 테마파크 개발 분야의 전문 인력이 부족하여 훌륭한 테마파크를 선보이지 못했고, 때문에 관람객의 수요를 창출하기 어려웠으며 결국 테마파크 시장의 규모를 확대하는 데 걸림돌이 될 수 밖에 없었다는 것이다.

현재 테마파크 기획 종사자의 프로필을 보면 기존 테마파크 운영 회사에서 직장 생활을 하며 이 분야의 전문가가 되었거나 시나리오 작가, 만화가처럼 공간적 상상력이 뛰어나고 거기다 감각적인 기획력까지 갖춘 사람들이 이 분야 일을 해 왔다.

'문화콘텐츠'라는 단어를 2001년 공식적으로 정부가 사용하면서 세인들의 입에 오르내린 것이 이제 10년 남짓이다. 테마파크라는 것이 문화콘텐츠의 한 영역으로 분류되어 제대로 자리잡은 것도 이 시기쯤이라 할 수 있다.

신생 분야라 국내 연구가 아직 초기 단계에 머물러 있고 많은 전문가가 등장하려면 시간이 더 필요하다. 그러나 국내의 대형 테마파크 건설 붐을 타고 앞으로 연구가 더욱 활성화될 것이라 확신한다.

교육 분야도 연구 분야와 마찬가지로 걸음마 단계이지만 문화콘텐츠학과 등의 설립 이래로 관련 학과에서 <문화콘텐츠 기획> 등의 과목이 '테마파크 기획'을 교육하거나, 아예 과목명을 <테마파크 기획>으로 구체화하여 진행하는 경우도 있다. 그나마 교육은 진행되는데 교재로 쓸만한 출간 도서는 빈약한 편이다.

이에 이 책을 내놓는다. 테마파크 기획이 실제 어떻게 진행되는지, 특히 스토리텔링을 적용한 테마파크의 기획 방법이 어떠한지를 사천시 비토섬 별주부전 테마파크를 기획한 경험에 입각하여 책으로 엮었다. 대학에서 테마파크 기획 교재로 적절히 활용한다면 좋을 것이고 실제 테마파크를 기획하는 종사자 혹은 예비 종사자들에게도 도움이 되기를 기대한다.

이 책에서 아쉬운 것은 하루가 다르게 발전하는 첨단정보통신기기를 테마파크 기획에 시의적절하게 적용시키지 못한 점이다. 예를 들면 스마트폰을 활용하여 테마파크에의 몰입도와 흥미를 배가할 수 있는 다양한 아이디어를 제대로 펼치지 못했다. 부족한 것은 향후 연구에서 보완하고자 한다.

이 책은 비토섬 별주부전 테마파크 과제총괄자인 손은일 교수님의 후의를 입어 연구를 시작할 수 있었고 김석호 실장님의 도움으로 연구를 진행할 수 있었다. 두 분에게 고개 숙여 감사드린다.

누가 뭐래도 비토섬 별주부전 테마파크의 산파 역할을 하신 정민수 소장님, 테마파크 개발에 여념 없는 사천시 관계자 여러분들, 교육과 연구에 매진하고 계실 황상규, 신상화 교수님께도 아울러 감사의 말씀 올린다.

마지막으로 이 책의 삽화를 맡아주신 서동진 작가에게도 신의 가호 함께 하시길 기도드린다.

목차

1부 테마파크 스토리텔링 기획의 이해   15

1장 스토리텔링과 테마파크   17

■ 들어가며
1. 스토리텔링의 개념
  (1) 스토리텔링의 이해 / (2) 스토리텔링의 정의

2. 테마파크의 개념
  (1) 테마파크의 유래 / (2) 테마파크의 정의 및 분류
  (3) 테마파크의 특성 / (4) 테마파크 스토리텔링의 구성 요소

2부 테마파크 스토리텔링 기획의 준비   33

1장 대상지 현황 분석   35

1. 대상지 일반 현황
  (1) 사천시 일반 현황 / (2) 서포면 일반 현황 / (3) 비토섬 일반 현황

2. 대상지 관광자원 현황
  (1) 사천시 관광자원 / (2) 비토섬 관광자원

2장 별주부전 설화의 탄생   51

1. 별주부전의 유래
  (1) 용원설화 / (2) 구토지설 / (3) 별주부전 / (4) 수궁가

2. 비토섬 별주부전 설화 소개
  (1) 비토섬 별주부전의 줄거리 / (2) 별주부전의 공간적 배경
  (3) 비토섬 별주부전 전설의 의의

3부 별주부전 테마파크 스토리텔링 기획의 실제   61

1장 기획안 개요   63

1. 기획안의 방향
2. 공통기획안
  (1) 테마 / (2) 콘셉트 / (3) 텍스트의 시퀀스별 요약

2장 제1 개별기획안   65

1. 구성에 따른 연출 개요
2. 조감도와 배치도
3. 도입 시설 및 외부 공간 계획
4. 전체 동선
5. 스토리텔링을 통한 세부 동선과 프로그램

3장 제2 개별기획안   119

1. 구성에 따른 개별기획안
2. 조감도와 배치도
3. 도입 시설
4. 전체 동선
5. 스토리텔링을 통한 세부 동선과 프로그램

4부 테마파크 콘텐츠 강화 및 맺음말   153

1장 테마파크 강화 콘텐츠 1 : 동화 「비토섬 토끼와 자라 이야기」   155

1. 필요성
2. 개요
3. 동화의 줄거리
4. 각 장의 구성

2장 테마파크 강화 콘텐츠 2 : 애니메이션 <별주부전의 고향 비토섬>   163

1. 개요
2. 줄거리
3. 애니메이션 시나리오 소개

3장 맺음말   170

1. 연구 정리
2. 제언

표 목차   173

그림 목차   173

참고문헌   175

1부

테마파크 스토리텔링 기획의 이해

1장 스토리텔링과 테마파크

■ 들어가며

사천 비토섬 별주부전 테마파크는 사천시 서포면 비토리의 별주부전 설화를 원형으로 한다. 별주부전 테마파크를 통해 수궁가와는 다른 내용의 비토리 별주부전 설화를 소개하고 아울러 섬의 문화와 역사를 체험케 하여 유서 깊은 비토섬을 널리 알리는 데 목적이 있다.[1]

수려한 해양경관을 배경으로 한 별주부전 전설의 섬과 자연생태자원은 비토섬의 자랑거리이며 테마에 따른 스토리텔링을 통하여 오락과 교육적 효과를 극대화할 수 있는 친환경 체험과 생태교육의 장소로 거듭날 것이다.

그리하여 비토섬 별주부전 테마파크를 새로운 문화관광지로 명소화하여 지역의 이미지 제고와 지역 주민의 소득 증대 및 지역 경제 활성화에 기여하게 할 것이다.

이 책은 별주부전 테마파크를 조성하기 위한 기획의 실제를 알려주는 지침서로 특히 스토리텔링을 적용한 기획에 초점을 두고 있다.

비토섬 별주부전 설화의 스토리에 맞게 각 시퀀스별로 나누고, 관람객의 동선, 도입시설, 프로그램을 설정하여 체험 위주의 환상적인 미션형 어드벤처 스토리텔링을 펼쳐보이려 한다.

1. 스토리텔링의 개념

(1) 스토리텔링의 이해

□ 21세기 최고 인기 상품은 이야기로 포장한 '꿈'과 '감성'

---

1. 이 책은 사천 비토섬 별주부전 테마파크 조성을 위한 프로젝트(과제 총괄 손은일 교수) 비토섬 별주부전 테마파크의 스토리텔링 기획을 위한 연구 결과를 토대로 「사천 비토섬 별주부전 테마파크 조성 스토리텔링 연구」(강만진 외, 사천시, 2009)를 수정 보완하여 출간되었다.

한국은 1975년에 관광산업을 국가전략산업으로 지정하여 그 육성에 많은 노력을 경주해 왔다. 관광지역 이미지 제고와 경제적 파급효과를 위한 고부가가치산업에 대한 전략적 모색으로 관광산업의 비약적 발전을 이루어 냈지만 시대에 부응하는 새로운 선진 관광산업 모델 개발이 부단히 요구되고 있다.

이 시점에서 미래학자 롤프 옌센의, "21세기는 정보사회에서 드림 소사이어티로 변화하고 있다."라는 말에 주목할 필요가 있다. 그는 정보사회의 기술적이고 합리적인 사고에서 꿈과 감성이 중요시되는 사회로 바뀌어 사람들의 소비 패턴에 변화가 올 것이라고 진단했다.

이를 반영하듯 소비재는 물론 서비스에 이르기까지 꿈과 감성을 콘셉트화한 판매 전략이 급속도로 확산되고 있으며, 꿈과 감성이 '이야기'의 본질과 일맥상통하여 모든 상품이나 서비스에 스토리텔링 접목이 활발히 진행되는 시대가 도래하게 되었다.

□ 테마파크의 성공 여부는 스토리텔링이 관건

흔히 '이야기'라고 말하는 스토리는 사전적 의미로 '어떤 사물이나 현상에 대해 일정한 줄거리를 잡아 구사하는 말이나 글'을 뜻한다. 인간은 스토리를 통해 호기심을 충족하고 새로운 세계에 대한 무한한 상상력을 키운다. 또한 격정의 고비에서 카타르시스를 느껴 감정을 정화하고 인물, 사건, 환경 등의 간접 경험을 통한 교훈을 얻기도 한다.

"역사적으로 볼 때 스토리는 신화, 전설, 우화처럼 말로 시작되었으나, 문자가 만들어지면서 동화나 소설과 같은 글이나 만화 같은 그림으로 진화 발전되었다. 20세기에 들어서는 영화, 애니메이션, 게임 등과 같은 영상물로 그 범위가 점차 확대되었다."[2]

오랜 세월이 흘러도 스토리는 소멸되지 않고 오히려 그것을 전달하는 매체가 시대에 따라 다양하게 개발되어 수많은 장르와의 성공적인 교배를 활발히 진행하고 있다. 그야말로 스토리텔링의 시대라 해도 과언이 아니다.

이러한 스토리텔링이 관광산업과 접목하여 색다른 시간의 폐쇄 공간에서 일정한 주제를 가지고 주제에 걸맞는 시설과 분위기를 이용하여 비일상적인 체험을 제공하며, 오락·

---

2. 김민주, 『성공하는 기업에는 스토리가 있다』, 청림출판, 2003, 25면.

관광·쇼핑·휴식을 모두 겸하는 재미와 감동의 스토리형 드림랜드를 배태하게 되는데 그것이 바로 테마파크이다.

테마파크의 성공 여부는 입지 조건, 투자규모, 홍보 등 여러 요소가 있지만 가장 중요한 요소는 테마에 따라 개발된 프로그램의 훌륭한 스토리텔링성에 있다.

일례로, <겨울연가>의 '남이섬'과 <반지의 제왕>에 나오는 호빗 마을 '마타마타'는 TV 드라마와 영화를 원형으로 남이섬과 마타마타를 스토리텔링화하여 각광받는 관광지로 리모델링한 경우이다. 있는 그대로를 보여주는 관광서비스 차원을 넘어, <겨울 연가>와 <반지의 제왕>의 스토리를 접목시켜 도입시설과 프로그램을 기획하여 떠오르는 국제급 관광지로 격상시킨 훌륭한 사례이다.

(2) 스토리텔링의 정의

스토리텔링(Storytelling)을 한국어로 풀면 '이야기하기'이다. 이야기하기는 이야기라는 콘텐츠를 다양한 매체를 통하여 표현하고 전달하는 행위를 일컫는다. 여기서 우리는 내용물 '이야기'와 매체를 통해 전달하는 행위 '하기'로 각각 나눠 의미를 분석할 수 있는데 먼저 이야기의 의미부터 살펴보자.

이야기의 사전적 의미는, ① 어떤 사물이나 사실, 현상에 대하여 일정한 줄거리를 가지고 하는 말이나 글, ② 자신이 경험한 지난 일이나 마음속에 있는 생각을 남에게 일러 주는 말, ③ 어떤 사실에 관하여, 또는 있지 않은 일을 사실처럼 꾸며 재미있게 하는 말[3]이다.

하지만 "지식과 정보를 단순히 나열하거나 논증, 설명 혹은 묘사의 양식을 취하는 것과는 다르게, 사건, 등장인물, 배경이라는 구성 요소를 가지고 시작과 중간과 끝이라는 시간적 흐름에 따라 기술해가는 것"[4]이다.

'하기'는 몸짓·글자·그림 등과 같은 시각, 말·소리 등의 청각은 물론 후각, 촉각, 미각 등 오감을 이용해 이야기를 전달하는 행위이다. 오감을 활용하여 이야기를 전달하는 매체

---

3. 네이버 사전 : http://krdic.naver.com/detail.nhn?docid=30584900
4. 최예정 외, 『스토리텔링과 내러티브』, 글누림, 2005, 15면.

는 문학, 미술, 음악과 같은 아날로그 방식에서부터 과학기술의 발달에 힘입어 영화, 애니메이션, 게임 등과 같은 디지털 방식으로까지 다양해졌다.

또한 화자가 이야기를 하게 되면 청자의 반응이 리액션으로 표현되고 그것은 화자에게 역으로 전달되어 화자로부터 발화되는 이야기에 영향을 미치는 현장성과 상호작용성도 함께 한다.

한 마디로 스토리텔링은 등장인물에 대한 사건을 시공간적 배경 속에서 연속적인 내용으로, 오감을 자극하는 다양한 매체를 통하여 흥미롭고 생동감 있게 들려주는 상호작용적 행위라 할 수 있다.

2. 테마파크의 개념

(1) 테마파크의 유래

테마파크는 언제부터 존재했던 것일까? 테마파크의 역사를 거슬러 올라가보면 그 시초는 유원지이다. 현대 유원지의 원조는 17세기 영국의 '보크스 홀 가든즈'인데 정원을 개방하고 거기서 서커스와 곡예쇼를 접목시켜 오락 공연을 펼쳤다. 정원으로 조성된 공원에 전시, 연극·음악회와 같은 공연, 뱃놀이와 같은 근대 아날로그 방식의 놀이 등 다양한 장르의 오락을 추가하였는데 이러한 형태를 플레저 가든(Pleasure Garden)이라고 한다.[5]

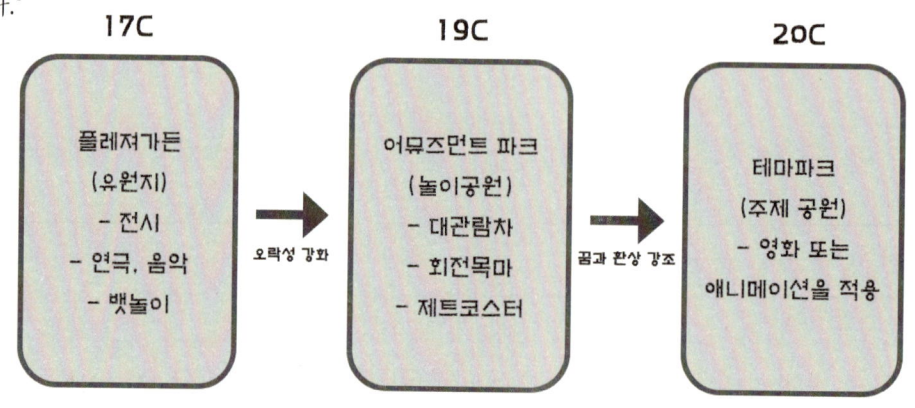

<그림 I-1> 테마파크의 유래

---
5. 장해라, 「드라마 테마파크 콘텐츠 기획에 관한 연구:MBC 드라마를 중심으로」, 한국외국어대 석사논문, 2005, 4면.

플레저 가든은 19세기 덴마크 코펜하겐의 티보리공원의 등장으로 정점을 찍으며 오락을 강조한 놀이공원과 도심에서의 휴식을 강조하는 도시공원의 이원화 콘셉트로 꽃을 피웠다.

이후 미국 시카고의 세계박람회(1893년) 전후로 대관람차, 회전목마, 제트코스터 등의 탑승시설과 기계장치를 활용한 전시 기법이 선을 보이며 센세이션을 일으켰고 플레저 가든은 오락성이 한층 강화된 어뮤즈먼트 파크(놀이공원) 형태로 발전하였다.[6]

하지만 산업기술의 발달로 오락 수단이 다양해지고 자동차와 영화산업이 큰 인기를 끌게 되어 자연친화 콘셉트의 정원에서 즐기는 어뮤즈먼트 파크는 그 인기가 시들해지기 시작했다.

그렇게 위기를 맞은 어뮤즈먼트 파크는 그 당시 강력하게 인기를 끌었던 영화·애니메이션과 손을 잡고 또다른 변신을 꾀하게 되는데 바로 그것이 현재의 테마파크 개념으로 처음 등장한 '디즈니랜드'이다. 1955년 개장된 디즈니랜드는 사람들에게 꿈과 환상을 제공하며 오락세계의 황홀경을 선사했다. 디즈니랜드의 성공 이후 그와 유사한 놀이공원이 전 세계적으로 확산되면서 테마파크는 고부가가치 문화관광 산업의 대표적인 자리에 우뚝 섰다.

최근의 사례는 2010년 미국 올랜도에 해리포터 테마파크인 '위저딩 월드 오브 해리 포터(The Wizarding World of Harry Potter)'를 건설하여 방문객 동원이나 수익면에서 성공을 거두고 있고, 여세를 몰아 2014년 일본 오사카 유니버설 스튜디오에도 해외판 해리포터 테마파크를 완공 예정에 있다.

(2) 테마파크의 정의 및 분류

1) 정의

테마파크에 대한 정의는 국내외 관련기관이나 연구자에 따라 다양하게 제시되어 있다. 테마파크의 원조로 거론되는 유럽, 본격적인 테마파크가 시작된 미국, 테마파크의 아시아 맹주 일본, 그리고 이제야 테마파크에 본격적인 관심을 쏟기 시작한 한국 등지의 기관과 전문가들이 내린 각각의 정의를 살펴보자.

---

6. 손대현 편저, 『문화를 비즈니스로 승화시킨 엔터테인먼트산업』, 김영사, 2004, 339면.
  한국의 어뮤즈먼트 파크 예로는 인천 월미도 유원지를 들 수 있다. '디스코팡팡', '바이킹' 등의 스릴과 오락성을 고조시킨 라이드 등을 배치하였지만 일정한 주제는 없다.

<표 I-1> 테마파크의 정의[7]

구 분	정 의
앤디 밀만 (Andy Milman)	테마파크는 다른 공간과 시간의 분위기를 창출해내고 건축물과 경치, 훈련된 종사원, 탑승물, 식음료 그리고 상품들이 선정된 주제에 맞게 조화됨을 통하여 지배적인 한 분위기에 집중시킨다.
미국부동산연구단체 (ULI:Urban Land Institue)	테마파크란 특별하게 창출된 환경과 분위기 속에서 운영되는 가족 위주의 즐기는 공원(amusement park)으로서, 그 속에는 독특한 역사적 배경이 있는 곳, 복원된 마을과 유서 깊은 철길 및 전문 박물관, 심지어는 전문쇼핑센터도 해당되며, 가장 인기 있는 곳은 테마가 있는 탑승시설공원(ride park)이다.
존 메케니프 (John McEniff)	일반적으로 다양한 놀이시설과 매력물을 제공하여 오락과 즐거운 경험을 체험하게 하는 곳이며, 모든 매력물이 계획된 특정 테마를 주제로 계획·운영되는 점이 유원지와의 차이라고 말하고 있다.
미쓰비시 종합연구소	테마파크란 특정한 테마에 기초를 두고 통일적으로 비일상적인 세계가 전개되는 오락을 중심으로 한 레저파크.
일본 개발은행 연구소	명확한 테마의 설정 하에 제반시설, 구경거리, 음식, 쇼핑 등을 조합한 폐쇄적인 엔터테인먼트공간을 구성하고 고객을 수용하여 놀이에서 휴식에 이르기까지 일괄하여 종합적으로 즐기도록 하는 새로운 형태의 위락시설.
정재선	테마파크는 기존 놀이위락시설에 보다 나은 흥미를 위하여 일정한 주제를 가미하는 것으로, 현대인의 여가 및 관광욕구를 가장 충실하게 만족시키고 있는데, 주제공원은 어느 특정한 주제를 설정하고 그 주제에 따른 환경과 위락시설 및 이벤트를 설정하고 분위기를 연출하여 전체를 일관성 있게 구성·운영하는 레저파크의 한 형식으로, 시간을 초월한 거대한 폐쇄된 공간 또는 공원.
김창수	일정한 주제에 맞는 전체 환경과 환상을 유발시키는 분위기를 만들기 위하여 오락과 편의시설, 공연과 이벤트, 식음료 및 상품 등의 소재를 이용하여 주제에 따른 공통의 스토리를 연출함으로서 방문객에게 흥미와 즐거움을 제공할 수 있는 비일상적인 종합문화공원.

위 표의 내용을 주요 키워드 별로 추출해 보면 '특정 주제, 그에 따른 연출과 시설, 비일상, 색다른 시간과 공간 그리고 그것의 체험, 오락·관광·쇼핑·휴식의 종합' 등으로 정리된다.

이 키워드를 종합하여 정의를 내리면, 테마파크란 '색다른 시간의 폐쇄 공간에서 일정한 주제를 가지고 주제에 걸맞는 시설과 분위기를 이용하여 비일상적인 체험을 제공하며, 오락·관광·쇼핑·휴식을 모두 겸하는 종합적인 위락 공원' 이라 할 수 있다.

---
7. 김창수, 『테마파크의 이해』, 대왕사, 2007, 14~15면.

2) 분류

테마파크의 분류는 명확하게 정리되어 있지 않고 학계에서도 통일하지 않아 의견이 서로 다르다. 김창수는 그의 저서 『테마파크의 이해』에서 다른 연구자들의 공간, 주제, 목적, 개념별 주제와 내용 등의 분류 기준에 따라 그 유형을 다음과 같이 정리하였다.

① 공간별 분류[8] : 자연과 도시, 테마형과 활동형으로 나눈 후 자연공간의 테마형 파크, 자연공간의 활동형 파크, 도시공간의 테마형 파크, 도시공간의 활동형 파크로 조합.
② 주제별 분류[9] : 테마파크의 개발 콘셉트와 도입 시설 등에 따라 사회·역사·민속, 생물, 산업, 예술, 놀이, 환상적 창조물, 과학 하이테크, 자연자원 등으로 나눔.
③ 목적별 분류[10] : 테마파크가 지향하는 목적과 기능에 따라 오락형, 환경형, 교육형, 도시형 등으로 나눔.
④ 개념적 주제와 내용별 분류[11] : 테마파크의 개념적 주제와 그것을 형상화하기 위한 내용 구성에 따른 분류 방식으로 상상의 세계, 미래과학, 친환경, 문화, 교육과 예술 등으로 나눔.

<표 I-2> 분류 기준에 따른 테마파크의 유형

분류 기준	기준에 따른 유형
공간	자연공간
	도시공간
	테마형
	활동형

---

8. 국제산업정보연구소, 테마리조트·파크 기획자료, 1997, 19면.
9. 박호표, 『관광학의 이해』, 학현사, 1997, 536면.
10. 유동환, 「안동문화관광단지 유교문화체험센터 및 홍보안내센터 기본구상 및 전략수립」 연구보고서, 경북관광개발공사, 2006. 29면.
11. 김창수, 앞의 책, 29~30면, 재인용.

주제	사회·역사·민속
	생물
	산업
	예술
	놀이
	환상적 창조물
	과학 하이테크
	자연 자원
목적	오락
	교육
	환경
	도시
개념적 주제와 내용	상상의 세계
	미래과학
	친환경
	문화
	교육과 예술

  이 중에서 개념적 주제와 내용에 따른 분류를 보면, '상상의 세계'라는 개념적 분류 아래 꿈·환상, 오락, 영화, 동화·만화, 캐릭터, 신화·전설, 미니어처, 서커스 등의 테마별 분류가 따르고 그것을 좀더 구체화한 세부 내용이 설정되어 있다. 그러나 대체로 테마파크가 <표 I-3>에서처럼 어느 한 카테고리에만 적용되지 않고 두 가지 이상의 유형이 결합된 방식으로 나타나기도 한다.

<표 I-3> 테마파크의 개념적 주제 및 내용별 분류[12]

개념적 분류	테마별 분류	내용별 분류	사례
상상의 세계 (imaginations)	꿈, 환상	상상의 세계를 현실로	디즈니랜드
	오락	각종 오락형태	롯데월드, 디즈니월드
	영화	2D의 세계를 3D 현실로	유니버셜 스튜디오, MGM 스튜디오
	동화, 만화	동화의 세계	환타지랜드
	캐릭터	다양한 캐릭터	산리오 퓨로랜드, 하모니 랜드
	신화, 전설	신화 재연, 간접 체험	산리오 퓨로랜드, Legend of Goal
	미니어처	각종 모형	토부 월드
	서커스	광대, 아크로바트	서커스 서커스 월드
미래과학(future & science)	교통	교통의 발전, 도로, 교량	하버브리지
	우주	우주여행, 행성	스페이스 월드
	미래	로봇, 미래의 기술	Star Trek, 에어리언 인카운트
	통신	통신의 발전, 전파	Spaceship Earth
	바이오	신물질, 기초과학	Future World
	게임	디지털, 가상현실	디즈니 퀘스트, 조이플러스, 게임웍스
친환경(nature & life)	동물	야생동물, 애완동물 등	Animal Kingdom
	식물	꽃, 나무, 식물 등	티볼리 공원
	곤충	곤충	일본 아타미시 곤충관
	바다, 물고기	해양생물, 바닷속 세상	씨월드 등
	자연	산, 정글, 사막, 온천	Disney World
	물	폭포, 강, 바다, 호수	타이푼라군, 블리자드 비치
	불	화산, 화재	백드래프트, Mirage Volcano Show

12. 김창수, 앞의 책, 29~30면, 재인용.

1부 테마파크 스토리텔링 기획의 이해

문화(Culture)	건축, 풍속	건축물, 상징물, 풍속별	하우스 텐보스
	구조물	기념비적 구조물 등	밀레니엄 돔
	민속	문화, 건물, 상황 재현	민속촌, 너츠베리팜
교육과 예술(education & art)	과학	과학기술, 이론, 학습	Expo 과학공원
	문화	각종 문화 체험	EPCOT 월드 쇼케이스, 허쉬파크
	예술	음악 · 미술 · 조각 · 특정 예술 관련	가우디 공원
	전설, 역사	각국의 역사, 각종 역사	프론티어랜드
	인물	특정인물 · 위인 · 정치가 등	아메리카 어드벤처
	교육	각종 모형, 체험	레고랜드

(3) 테마파크의 특성

테마파크는 일반공원, 놀이공원(amusement park) 등과 구별되는 특성을 가지고 있다. 테마성, 통일성, 비일상성, 배타성, 독창성[13] 등이 그것인데 이러한 특성이 잘 녹아 있는 테마파크로 기획되어야 온전한 테마파크의 자격을 갖추었다고 할 수 있다.

① 테마성

테마파크에 테마가 없으면 그냥 공원에 불과하다라고 할 정도로 테마는 테마파크의 핵심이다. 테마는 테마파크의 모든 구성 요소에 영향을 미치는 하나의 큰 주제로 "하나의 중심적 테마 또는 연속성을 지닌 몇 개의 테마들이 결합하여 구성된다. 이를 위해 프로그램, 놀이기구, 각종 도입시설 등이 테마를 구체적으로 실현할 수 있도록"[14] 기획되어야 한다.

---
13. 김창수, 앞의 책, 17면.
14. 원지영, 「문학작품에 나타난 용궁 모티프를 활용한 테마파크 조성 방안」, 한국외대 석사논문, 2007, 15면.

② 통일성

테마파크는 건축, 조경, 도입시설과 소도구, 놀이기구, 각종 오락 프로그램, 기념품점, 안내판과 이정표의 디자인, 심지어는 직원의 복장까지 정해진 테마를 위해 구현된다. 이는 테마를 더욱 강화하고 폐쇄성을 유지하는 기능을 갖는다.

③ 비일상성

현실에서 경험할 수 없는 환상적인 스토리의 주인공이 되어 일상에서 벗어난 캐릭터에 몰입할 수 있게 스토리텔링화 한다. 디즈니랜드를 만든 월트 디즈니는 "사람들이 디즈니에 있는 동안 그들이 살고 있는 현실 세계를 보는 것을 원치 않는다. 나는 그들이 다른 세계에 와 있는 것처럼 느끼기를 바란다."[15] 라고 말했던 것처럼 비일상적인 시공간의 세계를 감쪽같이 펼쳐 보인다.

④ 배타성

관람객이 환상의 세계에 진입하여 끝까지 몰입할 수 있도록 다양한 방법을 동원하여 바깥의 일상으로부터 철저히 유리시킨다. 시공간에 대한 의도적 폐쇄는 테마파크 외부 세계와의 강력한 단절을 요구한다.

⑤ 독창성

입지 조건과 문화적 환경 등을 고려하여, 테마 설정에서부터 기획된 프로그램 등에 이르기까지 스토리텔링이 얼마나 창조적이며 개성적인가에 따라 관람객의 호응을 이끄는 주요 요인으로 작용한다. 흥미 유발을 위한 구체적 아이디어로 관람객의 정서를 자극하는 것이 관건이라 할 수 있다.

---

15. 이상원, 「서사구조특성에 근거한 테마파크 디자인에 관한 연구」, 한국과학기술원 석사논문, 2001, 31면.

(4) 테마파크 스토리텔링의 구성 요소

1) 테마파크 스토리텔링의 과정

테마파크 스토리텔링 과정은 첫째, 스토리의 원형을 정한다. 별주부전인지 홍길동전인지 선택하고, 만약 별주부전이라고 한다면 여러 판본 중 어떤 판본을 따를 것인지, 원형을 하나만 둘 것인지 아니면 두 가지 이상의 판본을 활용할 것인지 등도 정한다.

둘째, 선정된 원형을 바탕으로 테마파크의 주제와 콘셉트를 정한다. 별주부전은 판타지성이 강하므로 원전의 성격을 살려 상상의 세계를 펼치기에 적당하다. 그러므로 주제는 '환상 세계로의 모험' 등으로 정한다. 주제를 구현하기 위한 콘셉트는 '스토리텔링에 기반한 미션형 어드벤처'라고 잡는다. 콘셉트란, 주제를 구체화시켜 드러내는데 필요한 주요 사항으로, 별주부전 스토리를 좇아 관람객이 인터랙티브 방식으로 미션을 완수하는 모험이라면 쌍방향의 교감과 디지털 게임과 같은 임무 완수 놀이의 성격을 지녀 액티브한 체험을 통해 흥미를 배가할 수 있을 것이라는 데서 착안한다.

셋째, 필요한 만큼 스토리를 추출하고 변형한다. 비토섬에 전해져 내려오는 별주부전의 이야기를 시퀀스별로 펼치고 스토리 전개 상 빈약한 부분은 수궁가의 에피소드를 차용하여 전체적으로 짜임새 있는 기승전결로 완성한다.

넷째, 시퀀스에 기반한 프로그램을 짠다. 프로그램 기획 시 두 가지 사항을 잊지 말아야 하는데 하나는 각각의 서브 테마에 걸맞는 프로그램 내용들이 시퀀스별로 펼쳐져야 하고, 그것들은 오감을 만족시키는 체험이 되도록 해야 한다는 것이다.

다섯째, 기획된 프로그램에 따라 관람객의 동선을 효율적으로 설정한다. 관람객의 동선은 프로그램과 도입시설을 접하는 순서이며, 정체되지 않고 물처럼 막힘없이 잘 흐를 수 있도록 안배해야 하고 사람의 생리현상과 집중력 등을 고려하여 최대한의 편의를 제공할 수 있어야 한다.

여섯째, 프로그램을 어디에서 펼칠지의 공간 구성 계획, 도입시설은 무엇이며 그 위치는 어디인가? 또한 운송 수단이 무엇이며 어디에서 어디까지 운행하는지에 대한 구체적인 계획을 제시한다.

<표 I-4> 테마파크 스토리텔링의 과정[16]

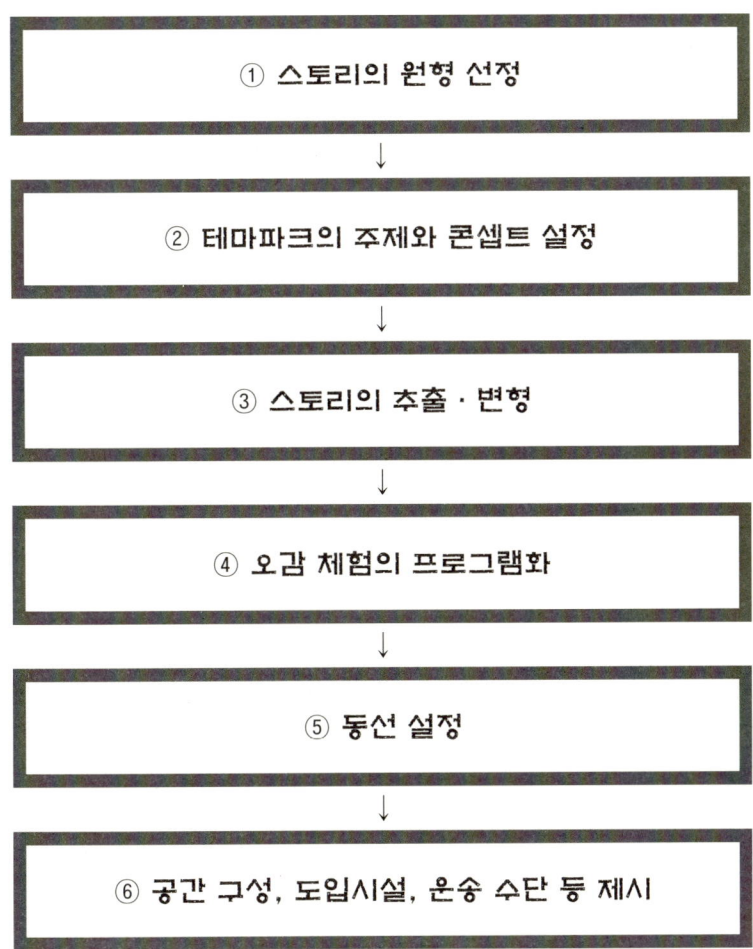

2) 테마파크 스토리텔링의 구성 요소

테마파크 스토리텔링의 과정을 유심히 살펴보면 테마파크 스토리텔링에 있어 주요한

---
16. 장해라, 앞의 논문, 48면.

구성 요소가 도출되는데 테마, 콘셉트, 동선, 공간, 연출, 운송[17] 등으로 정리할 수 있다.

① 테마

테마파크를 관통하는 하나의 전체 테마가 존재하고, 연출에 따라 구분된 시퀀스의 서브 테마가 존재한다. 테마는 스토리의 핵심 내용과 스토리텔링의 기획이 합류하는 지점에서 전개되는 새로운 물길의 이정표와 같으며 하나의 추상적 가치로 이성과 감성에 호소한다.

② 콘셉트

스토리텔링에 있어 의도된 설정이며 테마와 마찬가지로 각 시퀀스 별 콘셉트가 존재한다.

③ 공간

테마에 맞게 테마파크 전체를 공간 분할하고 도입시설을 기획하여, 관람객의 흥미를 유발하고 공간 환경의 쾌적함을 제공하는 스토리텔링이 될 수 있도록 한다.

④ 동선

관람객이 스토리텔러가 의도한 대로 테마와 콘셉트를 잘 이해할 수 있으며, 이동의 편의성을 고려한 동선이 구체적으로 제시되어야 한다.

⑤ 연출

---

17. 한령, 「중국 서유기테마파크 조성방안」, 한국외국어대 석사 논문, 2007, 12면. 재인용

관람객의 오감을 만족시키는 다양한 프로그램을 기획하여 관람객이 능동적으로 참여할 수 있게 유도하는 일련의 현실화 작업이다. 머리 속의 무형의 아이디어를 인쇄매체로 정리하고 그 글자를 현실의 입체적 공간에서 보고, 듣고, 만지고, 냄새 맡고, 맛을 볼 수 있는 것으로 전환하는 작업이라 할 수 있다.

⑥ 운송

테마파크에서의 관람객 이동은 기본적인 도보에서부터 어트랙션에 이르기까지 다양한 방법으로 제시된다. 운송은 위치 이동을 위한 단순한 수단 개념을 넘어서서 운송 그 자체가 테마를 드러내는 주요 구성이며 쇼나 공연 등과 결합하여 흥미를 배가시키는 복합적인 요소로 기능한다.

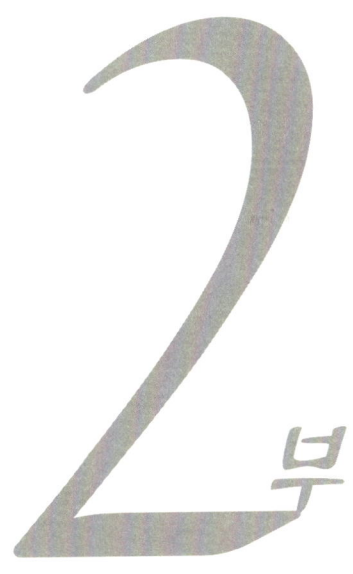

2부

테마파크 스토리텔링 기획의 준비

1장 대상지 현황 분석[1]

1. 대상지 일반 현황

(1) 사천시 일반 현황

사천시는 서부경남 해안에 위치하여 북서쪽으로 진주시와 하동군에, 남동쪽으로 남해군과 고성군에 접하는 한려해상관광권의 중심도시이다. 해양성과 대륙성이 혼합한 온화한 기후이며, 한려해상권 육·해·공 교통의 요충지이기도 하다.

1) 사천시 연혁

사천읍(泗川邑) 본 읍은 조선 세종대로부터 중심지이며 충적지의 발달로 토질이 비옥하고 수원이 풍부하여 먼 옛날부터 농경문화가 번창한 곳으로 특히 신석기시대부터 여러 시기에 걸친 수많은 문화재가 소재하고 있다.

사천현 시대에 사천읍성을 쌓고 현기를 정동면 고읍에서 본 읍 선인리(현 사천초등학교)로 옮겼다. 살기 좋은 이 고장에 고려말에서부터 조선초기에 이르는 동안 왜구의 빈번한 침범이 있었고 또 임진왜란 때는 격전이 벌어졌던 곳이기도 하다.

1925년 행정구역 명칭 변경에 의하여 면명을 읍내면에서 사천면으로 개칭했다. 1956년 7월 8일 법률 제393 호에 의하여 읍으로 승격되었으며, 70년대의 새마을운동과 소도읍 정비, 상수도 사업 등으로 소도시로서의 면모를 갖게 되었다.

1995년 지방자치선거를 앞두고 실시된 전국행정구역개편으로 전형적인 농촌지역이던 사천군과 도시기능을 담당했던 삼천포시가 통합되어 사천시라는 도농통합시를 이루

---

1. 이 장은 사천시 홈페이지에서 제공하는 공식자료를 인용함. 자료출처 – 사천시 홈페이지 : http://www.sacheon.go.kr/main/

었다. 사천시의 연혁을 간단하게 살펴보면 다음과 같다.

- 삼한시대의 변진 12국 중 하나, 포상팔국 중의 하나인 사물국에 속했다.
- 신라시대의 사물현에 속했으며 통일신라시대에 사수현이었다.
- 고려시대에 사주현이 되었다가 조선시대에 사천현이 되었다.
- 1895년 진주부 사천군이 되었다.
- 1914년 4월 1일 : 사천군, 곤양군을 사천군으로 통폐합하였다.
- 1918년 7월 : 수남면, 문선면을 삼천포면으로 통합하였다.
- 1925년 : 읍내면을 사천면으로 개칭하였다.
- 1956년 7월 8일 삼천포읍이 남양면을 포함하여 삼천포시로 승격되면서 사천군과 삼천포시로 2분화되었고, 사천면을 사천읍으로 승격하였다.
- 1995년 5월 10일 삼천포시와 사천군이 합쳐 도농복합형도시로 '사천시'가 탄생하였다.
- 2007년 현재 1읍 7면 6개동이 행정구역을 이루고 있다.

2) 사천시 기본 현황

사천시는 대한민국 경상남도 남부에 위치한 도시이다. 2011년 12월 31일 현재 사천시 면적은 398.25㎢로 경상남도(10,530,99)의 3.8%, 18개 시군 중 16번째 규모이다. 2011년 12월 31일 현재 사천시 인구는 116,688명이며, 내국인 114,133명, 외국인 2,555명, 남자 59,337명, 여자 57,351명이다. 2012년 8월 31일 현재 세대수는 48,424가구(2012.8.31.), 총인구는 117,654명(2012.8.31.)로 늘었다. 사천시청의 현재 주소지는 경상남도 사천시 용현면 시청로 77(덕곡리 501)이고, 홈페이지 주소는 http://www.sacheon.go.kr이다. 대한민국 지도상의 사천시의 위치를 살펴보면 다음과 같다.

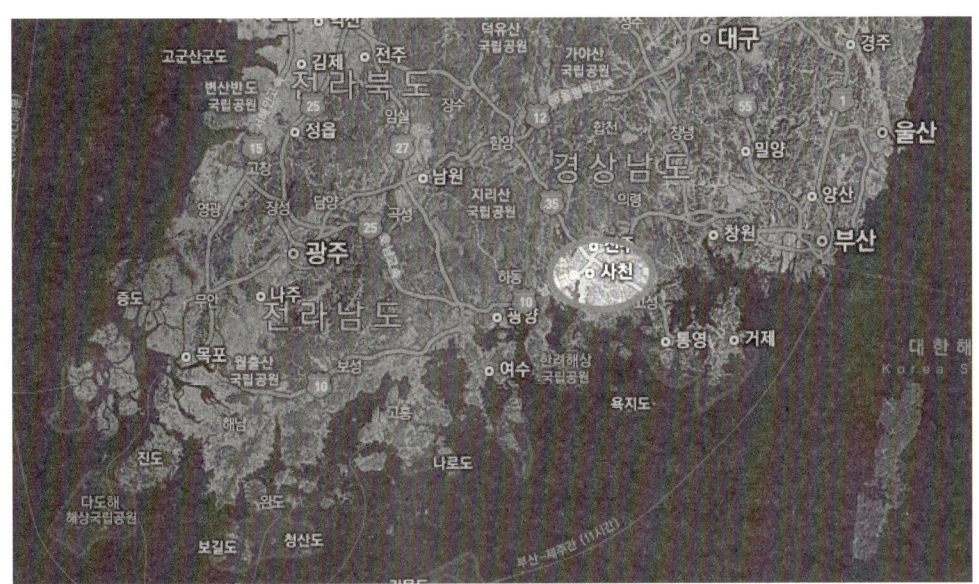

<그림 II-1> 사천시의 위치

<그림 II-2> 사천시 주변 지도와 섬들

2부 테마파크 스토리텔링 기획의 준비

(2) 서포면 일반 현황

1) 서포면 연혁

사천시의 서북단에 위치하고 3면이 사천만에 둘러싸인 서포면은 1914년에 일제의 행정구역 통폐합 방침에 따라, 당시 곤양군의 서부면과 양포면을 통합하여 새로 만들어진 행정구역이다.

따라서 서포면의 연혁을 언급함에 있어 곤양군을 뿌리로 한 곤양, 곤명, 서포를 별도로 분리하여 설명하는 것은 무리이며 특히 상계에서는 더욱 그러하다.

서포면의 뿌리인 곤양군은 본래 통일 신라의 신문왕, 경덕왕대의 지방 통치조직에서 보면 신라의 한다사군(지금은 하동군) 속현(屬縣)으로, 포촌현(浦村縣)에서 하읍현(河邑縣)으로 개칭된 고장이다.

그 후 941년(고려 태조 23년)에 하읍현을 곤명현이라 개칭하였고, 1018년(현종 9년) 8월에는 하동군 영현(領縣)에서 진주목(晉州牧)에 내속(來屬) 되었다.

또 1437년(세종 19년)에 행정구역 개편을 하였는데, 이때 남해현을 분리시키고, 진주목 소속의 금양부곡과 서면일대(지금의 금남면 일원과 진교면 술상리, 양포리, 고룡리, 하평일부, 안심리 일부)를 곤남군에 내속시켜 읍호를 곤양군이라 개칭함으로서, 이후 477년 동안 곤양군 시대의 막을 열게 된 것이다.

1910년 일제가 조선을 강점하고 1914년 행정구역을 통폐합(조선 총독부령 제111 호) 곤양군을 해체하면서, 서면과 금양면은 하동군에 편입하고 곤양군에 소속되어 있던 서부면(西部面)과 양포면(兩浦面)을 통합하여, 서부면의 "서(西)"자와 양포면의 "포(浦)"자를 따서 서포면(西浦面)으로 하고 사천군에 편입하게 된 것이다.

따라서 법정이동 12개리에 24개 마을을 관할하게 되었으나, 1983년 2월 15일 서포면의 무고리와 맥사리가 분리되어 곤양면에 합병됨으로서, 현재 서포는 법정리동 10개리에 22개 마을의 100개 반, 1,964세대 인구 4,557명 [남 : 2,280, 여 : 2,277(2008. 05. 31 기준)]으로 서포면을 형성하고 있으며, 1995년 5월 10일 '법률 제4948 호'로 사천군과 삼천포시가 하나로 통합하게 됨으로서 사천시 서포면으로 행정구역 명칭이 변경되어 오늘에 이르고 있다.

2) 서포면 기본현황

○ 면적 : 47.93㎢ (대지 : 0.7, 전 : 4.38, 답 : 11.28, 임야 : 26.62, 기타 : 4.95)
○ 가구 및 인구 : 1,951세대 4,206명 (농어업 : 1,576세대, 상공업 : 245세대, 서비스업 : 73세대, 기타 : 57세대 / 남자 : 2,084명, 여자 : 2,122명)
○ 지역 특산물 : 수산물 - 굴, 바지락 / 농산물 - 양다래, 고들빼기, 부추
○ 행정구역 : 법정리 10, 행정리 22, 반 66, 자연마을 100, 유관기관 9
○ 문화유적 : 작도청사(서포면 외구리, 비지정문화재), 갯지렁이초(서포면 자혜리 산 29번지, 경상남도 지정(기념물) 제241 호 - 지정일자 : 2002. 6. 1)

(3) 비토섬 일반 현황

1) 비토섬 연혁

조선중기 약 360여년 전 풍수지리설에 비토리 천왕봉 산하에 명지가 있다는 전설에 따라 박씨, 손씨, 최씨가 육지에서 이주하여 생활하게 되었으며, 비토섬은 지세가 동물의 형상을 이루고 있는 도서로서 특히 토끼, 거북, 학 등의 형상을 이루고 있다. 비토의 지명 유래 또한 토끼가 날아가는 형태라 하여 "날비(飛), 토끼토(兎)"자를 써 '비토(飛兎)'라 명하고 있다.

2) 비토섬 기본 현황

○ 행정구역 : 경상남도 사천시 서포면 비토리(8개 자연마을로 구성됨)
○ 인구 및 가구수 : 146세대 467명
○ 면적 : 2,975㎢(전 63.6ha, 답 45.7ha, 임야 178ha)
○ 주요 농산물 : 벼 / 주요 수산물 : 굴, 바지락, 피조개 등 수산물 일체
○ 교육기관 : 99년 서포초등학교 비토분교가 폐교됨
○ 유인도 현황 : 3개 도서(별학도, 진도, 월등도) 11세대 23명이 거주
○ 상수도 : 진주권 광역상수도가 98년부터 공급되고 있음
○ 교통 : 비토 연륙교가 92년 준공되어 육지와 차량이 통행함(남해고속도로 곤양IC에서 서포방향으로 약 10km에 위치함)
○ 관광 : 비토 연륙교와 98년 개통한 비토 해안도로를 따라 펼쳐지는 수려한 자연경관과 풍부한 수산물, 횟집단지 등으로 단체 관광객의 방문이 늘고 있다.

2. 대상지 관광자원 현황

(1) 사천시 관광자원

1) 개요

사천시는 풍부한 해양자원의 중심 부산경남권, 그 중에서도 동남관광권에 속하며 남해의 한려해상과 다도해 국립공원에 위치하고 있다. 한려해상권은 행정구역상 진주시·창원시·마산시·진해시·통영시·사천시·거제시·함안군·남해군·고성군 전역과 하동군 일부

를 포함하며, 한려해상 국립공원과 경남 남해안 연안을 중심으로 설정되어 있다. 관광자원은 남해 호구산, 사천 봉명산, 진주 촉석루와 진주성, 창원~진해~마산으로 이어지는 산업관광지 등 다양하다. 한려해상 국립공원은 남해안의 맑은 물, 온화한 기후, 기암괴석과 해식동이 절경을 이루는 곳으로 해금강·한산도·삼천포·노량·금산 지구 등으로 이루어져 있다.[2]

① 사천시 지역특성 및 자연환경

사천시의 동과 남은 고성군과 남해군을 경계하여 와룡산과 바다에 걸쳐 있고 서북은 진주시와 하동군이 경계하며 지리산이 뻗어내린 산악으로 형성되어 있어 해안 평야가 남북으로 전개되어 있다. 덕천·사천·죽천·백천·곤양천이 흘러 수리이용이 높고 토양이 비옥하며 해안은 리아스식 해안을 이루고 있어 조석간만의 차가 심하고 한려수도의 중심 기항지이며 서부 경남의 관문 항구로서 교통의 요지이며 수산물 집산지이다. 해양성 기후의 영향을 받아 여름은 서늘하고, 겨울은 온화하며 농수산업에 좋은 조건이다. 항목으로 정리해보면 다음과 같다.

- 한려수도 해상의 중심지로서 자연경관이 수려하다.
- 공항, 항만, 고속도로 등 교통망이 잘 발달된 교통의 요충지이다.
- 해양과 대륙성 기후가 혼합된 온난한 기후로 농·수산업이 발달했다.
- 세종과 단종의 태를 묻은 태실지가 있는 길지로 유명하다.
- 한국항공우주산업과 한국경남태양유전이 입주한 첨단항공산업 및 외국인 투자유치 산업의 메카이다.

---
2. 이혁진 외, 『관광한국지리』, 대왕사, 2000, 254-255면.

② 사천시 유형별 관광자원 현황

<표 II-1> 사천시 유형별 관광자원 현황

구 분		명 칭
산악관광자원		봉명산(다솔사), 와룡산, 각산, 진분계숲, 능화숲, 연천숲
수변자원		백천저수지, 와룡저수지, 두량저수지, 구룡저수지
해양자원		대방진굴항, 학섬, 죽방렴, 남일대해수욕장, 선진리성, 실안해변, 송포만, 늑도
공원	국·군립	한려해상 국립공원, 봉명산 군립공원
	도심	노산공원, 망산공원, 모충공원, 선진공원, 산성공원

2) 관광 명소, 문화재, 축제 현황

① 관광 명소

○ 창선. 삼천포대교(三千浦大橋)

　사천시의 대방과 남해 창선을 연결하는 연륙교로서 2006년 건설교통부가 주관하고 한국도로교통협회에서 주최한 "한국의 아름다운 길 100선"에서 대상을 수상하는 등 한려해상의 아름다운 자연경관과 어우러진 우리지역의 명물로서 특히, 야간에 푸른바다와 조명이 멋들어진 조화를 이루어 관광객들의 발길을 멈추게 하기에 충분하다.

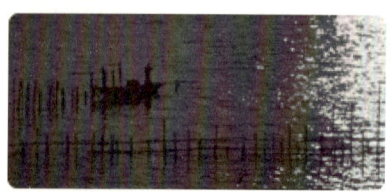

○ 실안낙조(實安落照)

　해안에서 보는 바다와 섬을 건너 남해 서산에 지는 저녁노을은 일품이고 2000년 한국관광공사 선정 전국9대 일몰의 하나이며 주변의 죽방렴은 우리지역의 대표적인 원시정치망 어업형태로 이곳에서 어획되는 멸치는 맛과 질이 우수하다. 부채꼴의 참나무 말뚝으로 만든 죽방렴과 섬, 바다 그리고 일몰이 환상적인 조화를 이룬다.

○ 남일대(南逸臺) 코끼리바위

　신라 말의 대학자 고운 최치원 선생께서 남녘 땅에서는 제일의 경치라고 하여 남일대라고 이름을 지었고, 코끼리가 물을 먹는 듯한 형상인 코끼리바위(象頭鼻岩)와 서부경남의 유일한 조개껍데기 모래의 해수욕장과 진널전망대는 여름철 많은 피서객의 휴양지가 되고 있으며 겨울바다 위를 수놓은 갈매기는 한 폭의 그림과 같다.

○ 선진리성 벚꽃

　이순신 장군이 처음으로 거북선을 출전시켜 왜선 13척을 함몰시켜 승전을 거둔 곳으로 인근에 조명군총 등 역사의 현장이 있으며 성내 1천여 그루의 벚꽃이 만개하면 은백색의 물결이 장관을 이루고 있다.

○ 와룡산(臥龍山) 철쭉
　와룡산은 높고 낮은 봉우리가 아흔아홉 개로 형성되어 구구연화봉이라 전해지고 있으며 기암괴석과 한려수도가 한눈에 들어오는 절경을 보기 위해 많은 등산객이 찾고 있으며, 5월에 철쭉이 만개하면 온산이 진홍색으로 물드는 장관을 연출한다. 특히 와룡산은 새섬봉(801.4m)과 민재봉(798m)의 정상에서 삼천포항의 아름다운 바다가 한눈에 보인다.

○ 봉명산 다솔사(鳳鳴山 多率寺)
　군립공원 봉명산(해발408m)에 위치한 다솔사는 신라 지증왕(AD503년)에 창건한 고찰로서 많은 군사를 거느린다는 뜻이며, 일제 때 한용운 선생을 비롯한 독립 운동가들의 은신처이기도 하였고 대양루, 응진전, 극락전, 적멸보궁과 보안암석굴이 있어 등산 삼림욕 약수를 즐기려는 발길이 늘어나고 있다.

○ 사천읍성 명월(泗川邑城 明月)
　백성을 보호하고 외적을 막기 위해 쌓았다는 사천읍성은 시민들의 휴식공간으로 조성되고 있으며 사천읍성 높은 곳에서 바라보는 사천읍 경관과 달맞이가 아름다운 곳이다.

○ 비토(飛兎)섬 갯벌
　비토섬에는 월등도, 토끼섬, 거북섬, 목섬이 있고 이는 토끼와 거북이 용왕이 등장하는 별주부전의 전설이 서려 있는 곳이며 육지와 바다 사이에 두 번씩 나타났다가 사라졌다하는 판이한 두 세계의 중간에 있는 갯벌은 육상과 해상의 생태계 완충작용과 연안 생태계 유지물로서 훌륭하게 보존되어 자연생태 체험 관광지로 각광받고 있다.

<그림 II-3> 사천시 관광 명소

② 문화재

　사천시의 문화자원은 국가지정문화재(보물, 사적지, 천연기념물, 무형문화재), 도지정문화재(유형문화재, 무형문화재, 기념물, 민속자료, 문화재 자료)로 구분하고 있고 그 구체적 현황을 보면 다음과 같다.

<표 II-2> 사천시 지정문화재

구 분	명 칭	개 수	소 계
국가지정문화재	국보	-	6
	보물	1	
	사적지	1	
	천연기념물	2	
	무형문화재	2	
도지정문화재	무형문화재	3	26
	유형문화재	6	
	기념물	16	
	민속자료	1	
	문화재자료	9	9
합계		-	41

<그림 Ⅱ-4> 사천시 지정문화재

<표 II-3> 사천시 문화재현황(2009년 1월 5일 현재)

구 분	종 별	문화재명칭	소재지	비 고
국가지정 문화재	보물	사천 매향지	곤양면 흥사리 산48	
	천연기념물	사천 아두섬 공룡화석산지	신수동 산33-2	
		사천 성내리 비자나무	곤양면 성내리 195	
	사적지	사천 늑도 유적지	늑도동 일원	
	무형문화재	가산오광대	축동면 가산리 830-2	
		진주 삼천포 농악	송포동 177-2	
도지정 문화재	무형문화재	판소리 고법		김재근(망)
		판소리 수궁가		선동욱(망)
		사천마도갈방아소리	사천시 마도동 마도마을	
	유형문화재	다솔사 보안암석굴	곤양면 무고리 산43	
		다솔사 대양루	곤명면 용산리 86	
		사천향교	사천읍 선인리 119	
		곤양향교	곤양면 송전리 355	
		삼천포 매향임각	향촌동 산 46-1	
		세종대왕, 단종대왕태실수개의궤	용현면 덕곡리 501	
	기념물	세종대왕 태실지	곤명면 은사리 산27	
		단종 태실지	곤명면 은사리 438	
		신벽동 지석묘	신벽동 494	
		덕곡리 지석묘군	용현면 덕곡리 136-1	
		사천 조명군총	용현면 선진리 402	
		사천 성황당산성	정동면 예수리 산45-1	
		사천 연천숲	사남면 우천리 495-1	
		사천읍성	사천읍 선인리 580-2외2	
		사천 안점산 봉수대	용현면 신복리 산4	
		사천 우산봉화대	곤양면 남문외리 산1	
		사천 금성리토성지	곤명면 금성리 산40일원	
		사천 용산리사지	곤명면 용산리 334, 335-1	
		사천 와룡동사지	와룡동 279일원	
		사천 우천리 도요지	사남면 우천리 1380일원	
		사천 사촌리 도요지	사남면 사촌리 산20-3일원	
		사천 자혜리 화석 갯지렁이초	서포면 자혜리 산29	
	민속자료	가산리 석장승	축동면 가산리 626-1외1	
	문화재자료	구계서원	사천읍 구암리 산43	
		대방진굴항	대방동 250	
		각산산성	대방동 산40	
		각산 봉화대	대방동 산2	
		사천 환덕리 조씨 고가	곤양면 환덕리 569	
		다솔사 극락전	곤양면 용산리 86	
		다솔사 응진전	곤양면 용산리 86	
		경백사	용현면 온정리 517	
		사천 선진리성	용현면 선진리 770일원	

③ 축제

사천시의 최대문화예술축제인 와룡문화제는 4월달에 사천시 용현면 선진리성 일원에서 열리는 것을 비롯하여, 사천 세계 타악축제, 항공우주엑스포, 와룡산 비룡제, 삼천포항 전어 축제, 삼천포항 수산물 축제, 구암제 등이 삼천포 일대에서 매년 열린다.

■ 사천시 축제현황 ■

○ 와룡문화제

와룡은 큰 인물이 될 사람이 때를 기다리고 있다는 뜻, 고려 제8 대 현종이 와룡산에서 유년시절을 지내다 훗날 왕이 된 것이 계기가 되었다.

○ 사천 세계 타악 축제

세계각국의 타악문화를 체험할 수 있는 사천세계타악축제는 매년 8월에 삼천포대교 특설무대 등지에 열린다. 사천세계타악축제를 통해 사천을 널리 알림과 동시에, 각국의 전통 문화를 체험하며, 문화 예술이 생산되고 향유되는 도시의 모습을 지향하고 있다.

○ 항공우주 엑스포

항공우주의 꿈을 실현코자 하는 사천시의 의지가 담긴 축제로서, 에어쇼에서는 블랙이글 시범비행 및 랜드마크 비행, 세계 최정상급 곡예비행과 항공관련 채용박람회, 미래형항공기(PAV)경연대회, 모형항공기 대회, 종이비행기, 모형열기구 만들기 등이 열린다.

○ 삼천포항 전어축제

삼천포항의 자연산 전어의 우수성을 알리고 시민과 하나 되는 축제의 장을 마련한다. 매년 8월에 전야제 행사를 필두로 길놀이, 사물놀이, 댄스공연, 불꽃놀이와 초대가수의 공연, 맨손전어잡기 체험 행사 등이 열린다.

○ 구암제

1536년(중종31) 문과별시에 장원급제한 구암은 20여 년간의 관직생활에서 요직을 역임하면서 청직으로 이름이 높았을 뿐 아니라 외직에 머무는 동안 경주의 서악서원, 순천의 옥천서원 등을 건립하여 후학양성에도 힘을 쏟은 그의 공적을 기리는 행사들이 열린다.

<그림 Ⅱ-5> 사천시 축제 현황

(2) 비토섬 관광자원[3]

1) 개요

○ 19개의 무인도와 전설을 탐방할 수 있는 지리적 환경을 지니고 있으며, 풍부한 갯벌자원과 전어, 굴 등 다양한 생태자원을 활용할 수 있다.

○ 비토섬 주변의 해안을 중심으로 갯벌과 해저에 있는 채취업을 경험할 수 있는 해안 체험 관광이 가능하다.

○ 미개발로 인한 자연그대로의 생태환경을 보유하고 있다.

○ 주요관광자원은 바다와 전설의 섬 등으로 이루어진 자연자원이다.

○ 자원의 매력성에 비해 수용시설 및 체험 프로그램 운영이 미흡하다.

2) 비토섬 별주부전 관련 전설의 섬 현황

별주부전 전설의 중심지인 비토섬 주변의 섬 주소지는 다음과 같다.

---

3. 이하 비토섬 관광자원은 '손은일 외, 「별주부전 테마파크 조성 마스트플랜 및 기본계획」, 2009, 16~51면.'의 조사자료를 인용함.

○ 토끼섬 : 사천시 서포면 비토리 산 1번지

○ 거북섬 : 사천시 서포면 비토리 산 3번지

○ 월등도 : 사천시 서포면 비토리 산 4번지

○ 목　섬 : 사천시 서포면 자혜리 산 162번지

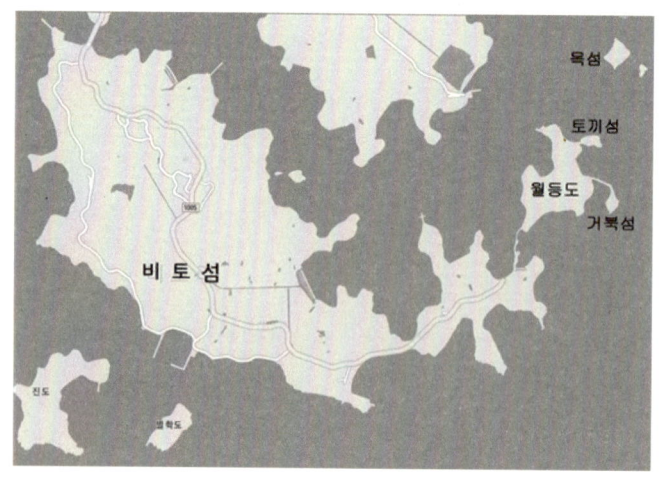

<그림 Ⅱ-6> 별주부전 전설의 섬 위치도

① 토끼섬

○ 위　치 : 사천시 서포면 비토리 산 1번지

○ 면　적 : 2,975㎡

○ 전　설 : 구사일생으로 살아남은 토끼가 거북 등에서 월등도를 보고 성급하게 뛰어내리다가 빠져 섬이 되었다.

○ 현　황

- 거북섬을 뒤로하고 월등도를 측정면으로 하여 거북이 등위에서 월등도로 뛰어 올랐다는 전설의 내용과 일치한다.
- 소나무숲이 발달한 월등도와 붙은 섬이다.
- 월등도에서 걸어서 갈 수 있을 정도로 가깝다.

<그림 Ⅱ-7> 토끼섬

② 거북섬

○ 위　치 : 사천시 서포면 비토리 산 3번지

○ 면　적 : 3,471㎡

○ 전　설 : 토끼를 놓친 거북이 문책이 두려워 용궁으로 돌아가지 못하고 안절부절 못하다가 그 자리에서 섬이 되었다.

○ 현　황
  • 월등도 옆의 거북 모양이다.
  • 썰물시 월등도에서 도보로 접근 가능하다.
  • 소나무가 듬성듬성 나 있고 머리부분은 바위로 되어 있다.

<그림 Ⅱ-8> 거북섬

③ 월등도

○ 위 치 : 사천시 서포면 비토리 산 4번지

○ 면 적 : 0.1㎢

○ 전 설 : 용궁에서 탈출한 토끼가 달빛에 반사된 육지를 보고 뛰어내렸다는 섬으로, 용궁에서 무사히 탈출한 토끼가 달보고 뛰어 올랐다는데서 유래한다.

○ 현 황
- 비토섬과 월등도로 이어지는 갯벌도로는 작은 모세의 기적이 일어나는 곳으로 이 길을 걸어 월등도로 가는 것 자체가 자연생태 체험장이 된다.
- 현재 이 곳 주민들은 월등도를 돌당섬이라 부르고 있는데, 그 이유는 토끼가 용궁에 잡혀간 후 돌아와 처음 당도한 곳이라는 뜻에서 유래한다.

<그림 II-9> 월등도

④ 목 섬

○ 위 치 : 사천시 서포면 자혜리 산 162번지

○ 면 적 : 4,760㎡

○ 전 설 : 토끼부인이 목놓아 부르며 기다리다 섬이 되었다.

○ 현 황
- 토끼섬과 바다를 사이에 두고 마주보고 있다.
- 소나무 숲이 우거져 왜가리들이 많이 모여들고 있으며 백로와 왜가리 서식지로 변하고 있어 선상 탐조관광지로 호평을 받을 것으로 기대된다.
- 낙지포 어항에서 거북섬과 토끼섬 월등도로 연결되는 해상관광의 볼거리를 제공한다.

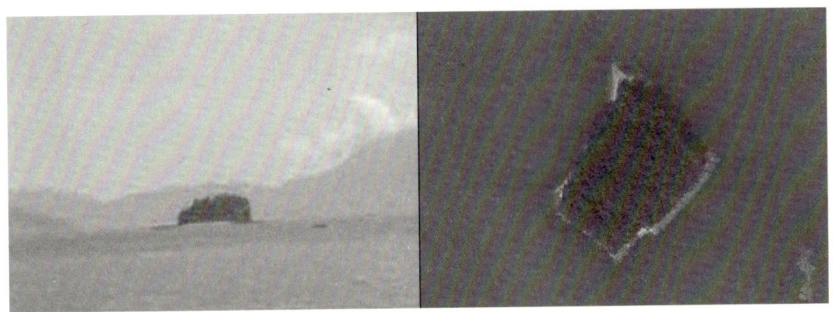

<그림 II-10> 목섬

2장 별주부전 설화의 탄생

1. 별주부전의 유래

(1) 용원설화(龍猿說話)

① 개요

인도의 불경 '자타가 본생경(本生經)'에 실린 불전설화(佛典說話)이다.

② 내용

어느 날 바다 속 용궁에서 아이를 잉태한 왕비가 원숭이의 염통을 먹고 싶다고 했다. 용왕은 원숭이의 염통을 구하기 위해 육지로 나왔다. 마침 나무 위에서 열매를 따먹고 있던 원숭이를 만났다. 용왕은 "그대가 사는 이곳은 내가 사는 바닷속만 못한 것 같구나. 내가 그대를 아름다운 수목이 있고, 맛있는 열매가 무궁무진한 바닷속으로 안내하겠다."고 제안했다. 용왕의 제안에 귀가 솔깃해진 원숭이는 용왕의 등에 업혀 바닷속으로 들어갔는데 도중에 용왕이 그만 원숭이에게 사실을 이야기하고 말았다. 깜짝 놀란 원숭이는 용왕에게 "내가 마침 오늘 내 염통을 나뭇가지에 걸어두고 그냥 왔으니 얼른 다시 가지러 가자."고 말했다. 용왕은 원숭이의 말을 곧이듣고 다시 육지로 업고 나왔다. 원숭이는 육지로 나오자마자 나무 위로 올라가서는 다시는 내려오지 않았다.[4]

③ 의의

이 설화는 속고 속이는 세태를 풍자한 교훈적 내용의 이야기이다. 여기서 난관에 빠졌어도 지혜를 발휘해 목숨을 구한 원숭이가 별주부전에서는 자라로 변형된다.

(2) 구토지설(龜兎之說)

① 개요

『삼국사기』에 기록된 <구토지설>은 수궁가 및 토끼전의 근원 설화이다. 그 줄거리는 다음과 같다.

고구려에 백제의 원수를 갚기 위해 청병을 하러 갔던 김춘추는 보장왕으로부터 마목령과 죽령을 돌려달라는 무리한 요구를 받게 되고, 김춘추는 신하가 국가의 토지를 마음대로 할 수 없다고 하여 옥에 갇히게 된다. 그런데 이전에 고구려에 당도했을 때 김춘추가 보장왕이 총애하는 선도해라는 인물에게 청포(靑布) 삼백 필을 바친 바, 은혜에 답하고자 선도해가 상을 차려와 김춘추와 함께 술을 마시면서 해 주는 이야기가 바로 <구토지설>이다.[5]

---

4. 네이버 지식백과 : http://terms.naver.com/entry.nhn?cid=200000000&docId=1212248&mobile&categoryId=200000800
5. 김동건, 『수궁가·토끼전의 연변 양상 연구』, 보고사, 2007, 10면.

② 내용

　옛날에 동해 용왕의 딸이 심장병을 앓았는데, 의사의 말이 토끼의 간을 얻어서 약을 지어 써야만 가히 치료할 수 있을 것이라 하였으나 바다 가운데는 토끼가 없으므로 어떻게 할 도리가 없었다. 이때 한 거북이 용왕에게 이르기를 "제가 능히 토끼의 간을 얻어 올 것입니다." 하고, 드디어는 육지로 올라가서 토끼를 만나 말하기를 "바다 가운데 한 섬이 있는데 샘물이 맑고 돌도 깨끗하고 숲도 무성하고 좋은 과실도 많이 열리고 춥지도 덥지도 않고 매나 독수리와 같은 것들도 감히 침범할 수 없는 곳이다. 만약 그곳으로 갈 것 같으면 가히 편안하게 살 수 있어 아무런 근심도 없을 것이다." 하고 꾀어 드디어는 토끼를 등 뒤에 업고 바다에 떠서 한 2, 3리쯤 가다가 거북은 토끼를 돌아보고 말하기를 "지금 용왕의 따님이 병이 들어 앓는데 꼭 토끼의 간을 약으로 써야만 낫겠다고 하는 까닭에 내가 수고로움을 무릅쓰고 너를 업고 오는 것이다." 하니, 토끼는 이 말을 듣고 말하기를, "아아, 그런가. 나는 신명의 후예이므로 능히 오장을 꺼내어 깨끗이 씻어가지고 이를 다시 넣을 수 있는 것이다. 그런데 요사이에 마음이 좀 답답하여서 드디어 간을 꺼내어 깨끗이 씻어서 잠시 동안 바위 밑에 놓아두었는데, 네가 좋다는 말만 듣고 오느라고 그만 간을 그대로 두고 왔구나. 내 간은 아직 그곳에 있는데 다시 돌아가서 간을 가지고 오지 않으면 어찌 네가 구하려는 간을 가지고 갈 수가 있겠는가? 나는 비록 간이 없어도 살 수가 있으니, 그러면 어찌 둘이 다 좋은 일이 아니겠는가?" 하니 거북은 이 말을 그대로 믿고 토끼를 업고 도로 돌아서서 육지로 올라오니, 토끼는 풀숲으로 뛰어 들어가면서 거북에게 말하기를 "거북아, 너는 참으로 어리석구나. 어찌 간이 없이 사는 놈이 있겠느냐?" 하니, 거북은 아무 말도 못하고 돌아갔다.[6]

---

6. 『삼국사기』 41권, 김유신 전.
　昔에 東海龍女가 病心이러니 醫言하되, 『得兎肝合藥이면　可療也라.』 然이나 海中無兎라. 不奈之可러니 有一龜가 白龍王言하되, 『吾能得之라』 하고 遂登陸하여 見兎言하되, 『海中有一島하니 淸川白石과 茂林佳菓에 寒署不能到하고 鷹不能侵이라. 爾若得至면 可以安居無患이리라.』 因負兎背上하여 游行二三里許러니 龜顧謂兎曰, 『今龍女가 被病하여 須兎肝爲藥이라. 故로 不憚勞負爾來耳라』 兎曰, 『噫라. 吾는 紳明之後라 能出五臟하여 洗而納之러니 日者에 少覺心煩하여 遂出肝心洗之하여 暫置巖石之底하고 聞爾甘言徑來라. 肝尙在彼하니 何不廻歸리오. 取肝　汝得所求요. 吾雖無肝이라도 尙活이니 豈不兩相宜哉아.』 龜가 信之而還이러니 綣上岸에 兎脫入草中하여 위, 『愚哉라 汝也여, 豈有無肝而生者乎아.』 龜憫默而退하더라.

③ 의의

평범하지만 지혜로운 행동을 하는 토끼와 지배자의 강압과 무능함을 보여주는 거북·용왕을 대비시켜 토끼의 성격을 잘 보여주고 있다. 나중에 판소리와 소설로 전승되었고, <별주부전>의 근원설화가 된다.

(3) 별주부전(鼈主簿傳)

① 개요

조선시대 작자 미상의 한글 소설로, '토끼전', '토생원전(兎生員傳)', '토(兎)의 간(肝)' 등 다양한 제목의 작품으로 변형되었다. 그 외 <토별산수록(兎鼈山水錄)>, <별토전(鼈兎傳)> 등 여러 이본(異本)이 존재한다. 영·정조 시대에 판소리 '수궁가(水宮歌)'를 소설로 만들었다.

② 내용

남해(南海)의 용왕(龍王)인 광리왕(廣理王)이 병들어 죽게 되자 영약(靈藥)인 토끼의 간(肝)을 구하는 사명을 띤 자라가 산중에서 토끼를 꾀어 등에 업고 수궁(水宮)으로 돌아오던 중 내막을 알게 된 토끼가 기지로써 간을 볕에 말리려고 꺼내 놓고 왔노라는 말에 속아 토끼를 놓쳐 버린다. 이에 자라가 자살하려던 찰나, 도인(道人)의 도움으로 선약(仙藥)을 얻을 수 있었다.[7]

③ 의의

별주부는 유교 사회의 전통 규범인 충을 드러내고 정당화하는 존재로서 유교적 규범의 운반체와 같은 존재다. 토끼는 용왕으로 표상되는 봉건 체제를 부정하고 더 나아가 개

---

7 위키백과 : http://ko.wikipedia.org/wiki/%ED%86%A0%EB%81%BC%EC%A0%84

인의 자유로운 삶을 꿈꾸는 혁신적인 이념을 보여준다.

(4) 수궁가

① 개요

토별가(兎鼈歌), 토끼타령, 별주부타령 등의 이름으로 불린다. 판소리 다섯 마당 중의 하나이다.

② 내용

용왕이 병을 얻게 되자 토끼의 간을 구할 자로 자라가 나서서 육지로 향한다. 드디어 토끼를 만나 설득하여 용궁으로 데리고 오지만 토끼가 기지를 발휘하여 자신의 간은 육지에 두었으니 가지고 오겠다고 한다. 결국 토끼가 육지에 무사히 당도하여 위기를 넘기고 그물과 독수리도 꾀로 모면한다는 내용을 판소리로 짰다.

③ 의의

토끼와 자라의 행동을 통하여 봉건 윤리와 개인의 자유 사이의 충돌을 그리고 있다.

2. 비토섬 별주부전 설화 소개

(1) 비토섬 별주부전의 줄거리[8]

옛날 옛적 아주 먼 옛날 서포면 비토리 천왕봉(비토섬에서 가장 높은 산봉우리)에서 마주보고 있는 육지인 서포면 선전리 선창과 자혜리 돌끝을 생활터전으로 살아가고 있는 꾀 많은 토끼 부부가 있었습니다.

---

8. 사천시 홈페이지 '비토섬 별주부전' : http://toursacheon.net/sub/submain.aspx?lv1=02&lv2=01&lv3=01&lv4=00

이 토끼 부부는 매일 아침 비토 천왕봉에서 눈비비고 일어나면 바다건너 신선이 살고 있는 선창(仙倉)마을로 건너가 신선의 창고라 불리는 골짜기에서 온갖 기화요초와 함께 칡넝쿨 우거진 숲속에서 아침이슬과 각종 새싹들로 배불리 식사를 끝내고 큰들 안과 장대면당(長竹峯)을 넘어 찔끔자혜(自惠)를 돌아 돌끝 바닷가에서 망망대해를 바라보면서 하루를 보내고 해가 저물면 건너편 비토섬 월등도로 되돌아가곤 하였습니다.

토끼 부부가 이렇게 행복하게 살아가고 있던 어느 봄날 저녁 돌끝 바닷가에서 남해바다 구경에 혼을 빼앗기고 있는 토끼 부부에게 남해바다 용왕님의 사자인 별주부(거북)가 찾아 왔습니다. 토끼 부부를 찾아온 별주부는 토끼 부부에게 남해바다의 궁궐인 용궁을 구경시켜주고 높은 벼슬도 주겠다는 감언이설로 속였습니다. 이에 속은 남편 토끼는 임신한 아내 토끼를 남겨두고 별주부의 등에 타고 남해 바다 용궁으로 가게 되었습니다.

용궁에 도착한 토선생 용궁에 와서 본즉 용왕님은 병들어 있고 용왕의 병에는 백약이 무효하고 오직 토끼의 생간이 신효하다는 의원의 처방에 따라 토선생을 잡아 왔노라는 말과 함께 자신을 죽여서 생간을 약으로 쓰겠다고 하니 망연자실 후회막급이라, 한동안 아무것도 보이지 않고 아무것도 생각나지 않았으나 정신을 가다듬고 한 가지 꾀를 내었습니다.

좋은 묘안이 생각난 토끼는 웃는 얼굴로 용왕님께 말했습니다. "소생은 육지에 살고 있는 많은 짐승과는 매우 달라서 달과 함께 달을 바라보면서 살아가는 짐승인지라 한 달 중 달이 커지고 있는 선보름 15일 동안은 소생의 간을 월등도 계수나무(해송)에 걸어두고 후보름 15일은 소생의 몸에 지니고 살아가는데, 후보름 15일간은 간이 커지는(자라는)기간이며 선보름 15일은 통풍이 잘 되는 소나무 그늘에서 음건하여 약효를 강화시키는 기간에 해당합니다." 라고 말한 다음 "지금은 마침 선보름에 해당되는 음력 15일인지라 내가 살고 있는 비토섬 월등도 산중턱에 있는 바람 잘 통하고 그늘진 계수나무(해송)에 걸어두고 왔습니다."

토끼가 용왕의 눈치를 보며 말하기를

"제 목숨하나 죽는 것은 두렵지 않으나 수중국 만백성의 어버이신 용왕님의 병환에

약이 된다는 제 생간은 내가 지니고 있는 것이 아니라 월등도 계수나무에 있으니, 이를 어쩝니까? 저기 있는 별주부가 육지 동물들에 대한 상식이 조금만 있었다면 제(토끼)가 다른 짐승과 다른 방법으로 살아가고 있음을 알 수 있는 일인데 아니 저 별주부가 용궁에 가자고 할때 용왕님의 병환을 나에게 진실 되게 말해 주었으면 용궁에 올 때 간을 가지고 들어올 것을… 오호통재라!" 하고 한탄하면서 억울해 했습니다. 이를 본 용왕은 "아! 그래서 토끼의 생간이 그렇게도 신효한 약효가 있는 것이구나" 생각하고는 토끼에게 물었습니다. "토선생은 짐을 위해서 지금 육지에 가서 간을 가져올 수 있느냐?" 토끼는 즉시 대답하기를 "여부가 있겠습니까? 저와 저 별주부를 제가 살던 비토섬 월등도로 보내주시면 최상급의 생간을 용왕님을 위해서 특별히 선사할 수 있을 것입니다." 라고 말하였습니다.

이를 보고 들은 용왕님은 지금까지 자신들이 토끼를 속인 잘못을 정중히 사죄하고 즉시 별주부에게 명하여 토선생을 다시 육지로 모시고 가서 월등도 계수나무에 있는 토선생의 생간을 가져오라고 엄명하였습니다. 이에 거북(별주부)은 토끼를 등에 태우고 다시 비토섬 월등도 부근에 당도하니 마침 보름달이 휘영청 밝은 달밤이었습니다. 월등도 앞 바다에 당도하자마자 성급한 토끼 즉시 힘차게 월등도로 뛰어들었지만 달빛에 반사된 육지는 너무 먼 거리에 있어 월등도 가까운 바닷물에 떨어지고 말았습니다. 바다에 빠진 토끼는 그 자리에서 죽어 토끼섬이 되었고 토끼를 놓친 거북이는 용왕으로부터 책임추궁과 벌을 받을 것을 걱정하여 용궁으로 돌아가지 못하고 그 곳에서 섬이 되었으니 바로 거북섬이며, 특히, 이곳 주민들은 월등도(月登島)를 돌당섬이라고 부르고 있는데 그 이유는 토끼가 용궁에 잡혀간 후 돌아와 처음 당도한 곳이라는 뜻에서 '돌아오다, 당도하다'의 첫머리 글자를 따서 돌당섬이라 부르고 있습니다.

한편 남편을 용궁으로 떠나보낸 아내 토끼는 매일 자혜리 돌끝에서 남해바다를 바라보면서 목이 빠지게 남편 오기를 기다리다 바위 끝에서 떨어져 죽어 섬이 되었으니 바로 돌끝 앞에 있는 목섬입니다. 목섬은 지금도 그때 죽은 아내 토끼가 남편이 돌아오기를 목이 빠지게 기다린다는 전설이 있습니다.

(2) 별주부전의 공간적 배경[9]

<토생전>의 경판본에는 북해용궁의 광택왕이 등장하며, <별주부전>에는 동해용궁의 광현왕으로 되어 있기도 하지만, <토별가>, <수궁가> 등에서는 남해 용왕의 광리왕이 병을 얻는 것으로 되어 있다.

판소리인 <수궁가>가 별주부전 소설보다 먼저 나온 것으로 보아 남해 용궁이 배경이 될 가능성이 높으며, 특히 발간연대가 정확치 않으나 조선시대에 편찬된 고서에 등장하는 별주부 축문 내용에 <남해용궁의 별주부>로 명시되어 있어 별주부전의 배경을 남해로 본다.

이 고서는 경상우도 병마절도사의 이름으로 무오년 5월에 촉석상(진주성)에서 편찬된 것으로 보이는데 남해용궁의 별주부가 산신령에게 토끼의 간을 구해달라는 축문을 기록한 내용이 있다.

<토별가>의 내용에는 '전어'가 용왕의 선전관으로 등장하며, '깔따구'라는 말은 농어의 새끼를 지칭하는 사투리로 전남지역과 사천시 일대에서 주로 쓰이는 말이다.

또한 신재효(1872-1884, 판소리 다섯마당을 집대성한 사람)본 '토끼타령'에서 용궁에서 여러 벼슬을 하고 있는 물고기들이 나오는데 '서대'가 나온다. 서대는 수심 70m이하의 뻘에서 자라고 서해안이나 남해안에서 나기 때문에 최소한 '별주부전'의 지역적 배경이 동해안으로 보기에 어려움이 있다.

(3) 비토섬 별주부전 전설의 의의[10]

비토섬의 별주부 전설은 삼국사기의 구토지설에 전해오는 설화에 이어 한문으로 된 이본(異本)들 중에서 구전돼 오던 설화를 바탕으로 지명과 전설을 만들어 냈을 것으로 추정된다.

---
9. 이 부분의 내용을 '이우상, 「별주부전 테마관광지 조성 기본계획(안)」 연구보고서, 2004.'에서 인용함.
10. 이 부분의 내용을 '이우상, 위의 연구보고서'에서 인용함.

장영정본(壯營正本)에 기록된 무오 5월 경상우도 병마절도사(戊午五月 慶尙右道兵馬節度使)라는 내용에서 경상우도는 본 영은 진주성에 있었으며 사천은 진주에 속해 있었으므로 이미 사천지역에는 별주부전 전설이 전해오고 있었음을 증명한다. 책의 발간연대는 경상우도 시절 무오(戊午)년인 것이 확실하나 보다 정확한 연대를 알기 위해서는 좀 더 세심한 연구가 필요하다.

서포면에서는 비토리 이외에도 토끼와 거북이에 관련된 지명이 전해져 오는 것으로 보아 별주부전의 전설의 고장임을 뒷받침하고 있다. '토까이굼터'는 '개매이 끝옆의 움푹한 곳'으로 토끼의 사투리 '토까이'를 사용한 것은 '움푹 파진 곳'이 토끼형상이라고 해서 '토까이 굼터'라고 한다.

그리고 거북이 관련 지명들은 굴포라는 마을에서 많이 찾아볼 수 있는데 굴포마을이 형성된지는 약 500년 이상이라 전하여 오고 있다. 남해 바다에서 꿈틀거리며 뭍으로 상륙하는 거북 형국의 왕개등은 이 마을에 있다는 3마리의 거북이들 중에 큰 거북이에 해당하는데 거북머리 부분에 구호정(龜湖井)이 있어 거북이 형상과 구호정의 구(龜)자를 딴 내륙으로 남해바다를 접하고 있는 포구이므로 구포(龜浦)라고도 한다. 이 마을의 서남쪽에 있는 골짜기인 언을 막기 전에는 왕개등 밑으로 물이 있었으나 지금은 굴포저수지가 그 물을 대신하므로 거북이가 살아 있다라고 굴포사람들은 말한다.

비토리의 가장 높은 봉우리를 천왕봉이라 하는 것도 별주부전에서 말하는 심산유곡의 높은 봉우리를 뜻하는 것으로 풀이될 수 있다.

'별주부전의 고향' 이라든가 '별주부전의 발상지' 또는 '별주부전의 원조지역'이라는 테마명칭보다는 '별주부전 전설의 고장' 또는 '토끼전 전설의 고장' 등 '전설의 고장'이라는 표현이 적절한 것으로 판단된다.

3부

별주부전 테마파크 스토리텔링 기획의 실제

1장 기획안 개요

1. 기획안의 방향

비토섬 테마파크의 스토리텔링은 비토섬에 유래하는 별주부전 설화를 근간으로 하고 수궁가의 일부를 합본한 이야기를 텍스트로 삼았다. 비토섬 별주부전 설화가 변형되지 않는 선에서 진행한 합본 작업은 수궁가 줄거리에 익숙한 일반인들을 위한 배려이며, 비토섬 별주부전에 생략되어 있는 막간의 에피소드를 수궁가의 일부 장면이 메꾸어 스토리를 더욱 풍성하게 하기 위함이다.

먼저 텍스트를 주요 시퀀스별로 구분 짓고 순차적인 시퀀스별 내러티브에 맞추어 도입시설을 조성한다. 관광객들은 텍스트의 스토리 전개와 궤를 같이 하여 비토섬을 둘러볼 수 있도록 테마로드 동선을 기획한다. 관람객의 동선은 순차적인 스토리를 따라 기획되어 관람객이 별주부전 설화의 기승전결을 자연스레 이해하는 것은 물론, 능동적으로 체험해보는 미션형 스토리텔링을 통해 인터랙티브한 테마탐험이 이루어질 수 있도록 전개한다.

별주부전 테마파크 조성 마스트 플랜 및 기본계획에 의거하여 향토사업비 30억원에 준하여 구상한 1안과 민자 유치 등을 예상하여 100억원 규모에 준하여 구상한 2안으로 나누어 진행한다.

제1 안은 주차장, 매표소, 도로, 토끼놀이동산, 썰매장, 해변산책로, 수변데크 1·2, 신천지공원, 미로공원, 토끼마을, 하늘공원 등의 도입시설을 활용하여 상상력과 체험 위주의 미션형 스토리텔링으로 진행한다.

제2 안은 1안의 도입시설 외 용궁체험관, 전시관, 공연장, 전망대, 모노레일토끼열차, 조각공원, 해상조형물 등이 추가로 조성되어 1안의 미션형 스토리텔링과 더불어 화려한 볼거리와 어트랙션을 활용한 신비와 모험의 세계를 만끽하게 한다.

단, 2안의 개별 기획안은 1안과 공통되는 부분이 있으므로 추가 도입되는 시설 위주로 기획안을 구성하고자 한다.

2. 공통기획안

(1) 테마

> 환상 세계로의 모험

(2) 콘셉트

> 스토리텔링에 기반한 미션형 어드벤쳐

(3) 텍스트의 시퀀스별 요약

텍스트를 순차적 내러티브에 의하여 주요 장면 중심의 14개 시퀀스로 나누었다.

<표 Ⅲ-1> 비토섬 별주부전의 시퀀스별 요약표

S-1	남편 토끼와 아내 토끼가 선창 마을, 장대먼당, 찔끔자혜, 돌끝 바닷가 등지를 생활 근거지로 평화로이 살고 있음.
S-2	병든 용왕 앞에 선의도사가 나타나 용왕을 진맥하는 장면, 주위엔 숙지황, 산사육, 천문동, 세신, 앵속화, 사향, 오미자, 해황, 당귀, 천궁, 강활, 독활 등등의 약재들이 널려 있다.
S-3	수국의 만조백관(도미, 민어, 오징어, 조개, 방개, 청어, 해구, 홍어, 조기, 낙지, 성대, 가오리, 상어, 삼치, 가재 등)이 어전에 모여 토끼간을 구할 이를 정하고 있다. 별주부가 용왕 앞에서 자신이 적임자라 아뢰는 장면.

S-4	화공이 토끼 화상을 그려 주면 별주부가 받아들고 유심히 보는 장면
S-5	별주부가 육지에 도착해서 보니 각종 동물들이 상좌다툼을 하는 장면
S-6	용왕의 병을 낫게 할 토끼를 구해달라고 신령전에 제사를 올리는 장면
S-7	토끼를 찾아 육지를 헤매는 별주부
S-8	드디어 별주부가 토끼를 만나 수궁에 갈 것을 꾀는 장면
S-9	토끼를 태운 별주부가 바다를 헤엄쳐 가는 모습
S-10	용왕 앞에 잡혀 온 토끼. 목숨이 경각에 달린 것을 알고 용왕에게 문제의 간을 육지에 두고 왔다고 꾀를 내는 장면
S-11	달밤, 비토섬 월등도 부근에 당도하자 토끼는 거북등에서 육지를 향해 뛰어오르지만 바다에 풍덩 빠진다
S-12	바다에 빠진 토끼는 토끼모양의 섬이 되고
S-13	거북이는 용왕에게 벌 받을 것을 걱정하다 용궁으로 돌아가지 못하고 거북모양의 섬이 되고
S-14	부인토끼는 자혜리 돌끝에서 남편 토끼를 기다리다 떨어져 죽어 목섬이 된다

2장 제1 개별기획안

1. 구성에 따른 연출 개요

<표 III-2> 구성에 따른 연출개요표

시퀀스 단계	프롤로그	시퀀스 1	시퀀스 2	시퀀스 3	시퀀스 4,5,6
단계별 요점	별주부가 된 관람객	토끼 부부의 육상에서의 평화로운 삶	용왕의 발병	토끼간을 구하는 적임자로 별주부가 선출	토끼화상입수, 상좌다툼 신령전 제사
도입 위치	입구 안내소	토끼놀이동산	수변데크1	갯벌	신천지공원

미션 내용	제1 미션:토끼놀이동산의 재미있는놀이를 휴대폰으로 찍어오시오	제2 미션 : 용궁으로 오시오	제3 미션: 용궁 앞뜰(갯벌)에서 굴,조개 등을 캐오시오	제4 미션:토끼간을 구하려면 먼저 신천지공원을 찾으시오	제5 미션 : 토끼를 만나려면 토끼화상코너, 상좌다툼코너,제례의식코너의 과제를 완수하시오
도입 프로그램 및 연출	별주부로의변신 ·용왕의 제1 미션접수 ·포토룸촬영하기 ·육상세계의 꽃길 즐기기	·친환경놀이터 즐기기 ·미니스포츠게임하기 ·썰매타기 ·포토룸촬영하기	·용궁입구 찾기 ·포토룸촬영하기 ·포토존	·갯벌 체험 (굴, 조개, 고동 캐기)	·토끼퍼즐맞추기 ·토끼밑그림 색칠하기 ·물고기모양의 종이모자 만들기 ·풍선으로 동물모양 만들기 (풍선아트) ·상차림배우기 ·음식만들기 ·생활예절배우기 ·포토룸촬영하기
도입 시설	·안내소 ·제1 포토룸 ·기념품숍 ·꽃길	·제1 디오라마관 ·그린놀이터 ·미니스포츠게임장 ·썰매장 ·제2포토룸	·해변산책로 ·수변데크 ·제3 포토룸 ·용궁입구구조물	·안내판	·제2 디오라마관 ·제4포토룸 ·노천 사당

시퀀스 단계	시퀀스 7	시퀀스 8	시퀀스 9	시퀀스 10	시퀀스 11,12,13,14	에필로그
단계별 요점	토끼를 찾아 헤매는 별주부	토끼에게 용궁 가자고 꾀는 별주부	토끼와 용궁으로 가는 별주부	목숨이 위태로운 토끼의 잔꾀 - 토끼간을 찾으러 육지로!	월등도, 토끼섬, 거북섬, 목섬이 된 사연	용왕으로부터 기념품을 하사받는 별주부
도입 위치	미로공원	토끼마을	수변데크2	하늘공원	하늘연못	입구 안내소
미션내용	제6 미션: 미로공원의 출구를 찾으시오.	제7 미션 : 토끼퀴즈를 통과하시오. 제8 미션 : 용궁길을 찾으시오.	제9 미션 : 토끼간을 숨겨둔 하늘공원을 찾으시오	제10 미션 : 토끼간을 찾은 증거로 사진을 찍으시오.	제11 미션 : 미션성공을 축하하오.안내소에서 포토북이라는 기념품을 받아 가시오.	·전자팔찌 반납 ·미션수행 체크카드 확인 (인적사항 기재) ·포토북 받기

도입 프로그램 및 연출	· 미로출구찾기 · 포토룸 사진 촬영	· 토끼 견학 · 토끼 생태 학습 · 토끼생태 퀴즈 맞추기 · 포토룸 사진 촬영 · 용궁길 찾기	· 포토룸 사진 촬영 · 포토존 촬영	· 토끼간찾기 · 각종 공연, 퍼레이드, 이벤트관람 · 전자책으로 별주부전 내용 열람	· 포토존 · 포토룸 사진 촬영	· 퇴장수속 밟기 · 포토북 수취 · 기념품·특산물숍 쇼핑
도입 시설	· 미로공원 · 제5 포토룸	· 토끼우리 · 퀴즈 문답실 · 제6 포토룸 · 제7 미션 안내판	· 수변데크 · 제7 포토룸 · 토끼와 별주부 조형물	· 토끼간찾기숲 · 휴게실	· 제8 포토룸 · 연못에 떠 있는 미니어처 섬들 · 연못 주위 스토리 안내판	· 안내소 · 기념품, 특산물 숍

2. 조감도와 배치도[1]

<그림 Ⅲ-1> 제1 개별기획안 조감도

---

1. 본 도서에 삽입된 별주부전 조감도, 배치도(전체 및 세부) 그리고 각종 도면의 사진 자료는 '손은일 외, 「별주부전 테마파크 조성 마스트 플랜 및 기본계획」 연구보고서, 2009.'에서 인용함. 독자의 편의를 위해 크기가 더 큰 전체 조감도와 배치도 등을 도서의 맨 앞에 부록으로 삽입하였음.

<그림 Ⅲ-2> 제1 개별기획안 배치도

3. 도입 시설 및 외부 공간 계획

제1 개별기획안의 외부 공간 계획은 크게 두 가지로 나눌 수 있다. 별주부전의 스토리 전개에 따라 도입된 시설과 관람객의 편의를 위한 시설이 그것이다.

(1) 스토리 전개에 따라 도입된 시설

관람객이 미션을 받고 기념 촬영을 하는 포토룸, 토끼 부부의 평화로운 터전을 묘사한 토끼놀이동산, 용궁입구인 수변데크 1, 별주부가 육상 세계에서 토끼를 찾는 여정을 묘사한 신천지공원과 미로공원, 드디어 토끼를 만나는 장소인 토끼마을, 별주부가 토끼를 데리고 용궁으로 향하는 수변데크 2의 용궁행 수로, 토끼간을 찾아 헤매는 하늘공원, 월등도, 토끼섬, 거북섬, 목섬 등의 비토섬 별주부전의 엔딩 파트를 묘사한 하늘연못 등이다.

(2) 관람객의 편의를 제공하는 시설

위치와 공간에 따른 관람객의 편의를 배려한 주차장, 입장권을 구매할 수 있는 매표소, 테마파크의 미션형 프로그램에 대한 설명과 내부 지형에 대한 길안내 도움을 받을 수 있는 안내소, 기념품과 특산물을 구입할 수 있는 기념품숍, 산책을 하면서 꽃의 향연에 취할 수 있는 꽃길, 해변을 따라 조성된 해변산책로, 휴식을 취하고 테마파크의 정보를 얻을 수 있는 휴게실 등의 편의시설이 마련된다.

4. 전체 동선

관람객의 동선은 비토섬 별주부전의 내용을 자연스레 이해하고 체험하며 미션을 수행하게끔 14개로 나눈 시퀀스를 중심으로 동선이 설정된다.

(1) 주차장에 내린 관람객은 매표소에서 입장권을 구입한 뒤 테마파크에 입장한다.
(2) 안내소에서 간단한 안내를 받은 후 포토룸에서 사진을 촬영한다.
(3) 꽃길을 지나 토끼놀이동산에 도착해서 신나게 놀다가 해변산책로를 따라 용궁(갯벌)으로 향한다.
(4) 갯벌에서 용궁 체험을 하고 육상으로 올라오면 신천지공원이다.
(5) 신천지공원에서 토끼그림 퍼즐 맞추기, 솜씨자랑, 차례의식 등을 체험하고 공원과 가까이 조성된 미로공원에서 출구를 찾는다. 미로공원을 빠져나오면 토끼가 뛰노는 토끼마을에 도착한다.

(6) 바다로 향하는 테마숲길(용궁행 육로)을 경유하여 수변데크(용궁행 수로)에서 기념사진을 촬영한다.
(7) 그리고 해변산책로를 따라 @지점(안내원의 관람객 미션 및 동선 체크 지점)을 경유하여 전시관 터로 향한다.
(8) 정상을 향해 경사진 휴게데크를 지나 드디어 하늘공원과 하늘연못에 도착한다.
(9) 거기서 난 길을 따라 천천히 내려오면 테마파크에 처음 입장할 때 보았던 안내소에 도착한다.

● 목적동선²

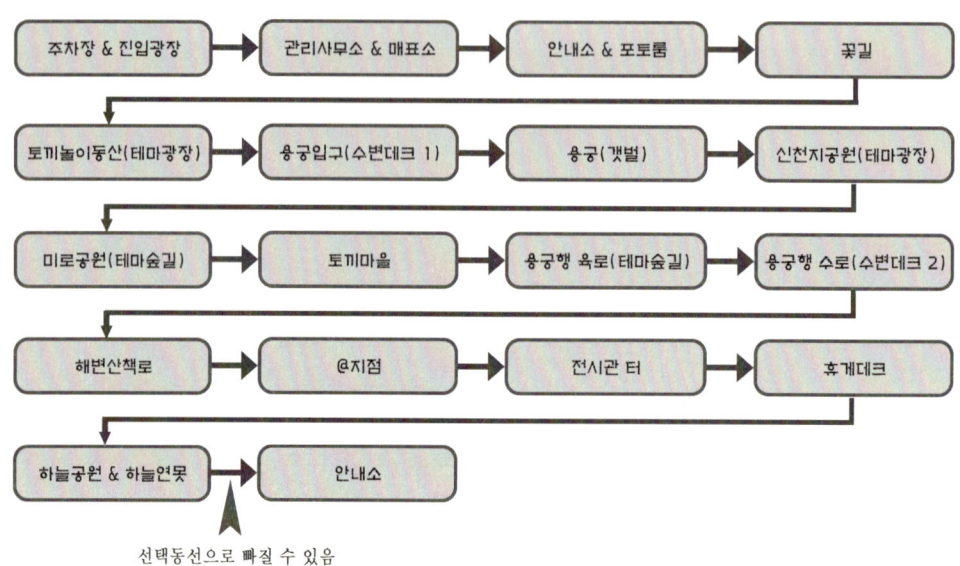

<그림 Ⅲ-3> 제1 개별기획안 목적동선

미션을 수행하기 위해 의도된 동선이 아니라 관람객의 선택 동선으로 하늘연못에서 토끼놀이동산을 더 즐기고자 할 때에는 안내소로 바로 내려오지 않고 썰매장을 통해 토끼놀이동산으로의 이동도 가능하다.

---

2. 제1, 2 개별기획안의 목적동선과 선택동선은 별주부전 설화의 스토리텔링 시퀀스 분할에 의거하여 기획하였고 테마파크 배치도 안의 주요 개발 지점은 '별주부전 테마파크 조성 마스트플랜 및 기본계획' 연구팀의 자문을 받았다.

● 선택동선

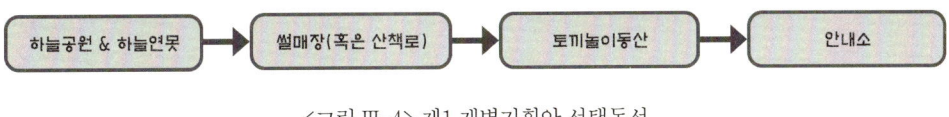

<그림 III-4> 제1 개별기획안 선택동선

5. 스토리텔링을 통한 세부 동선과 프로그램

(1) 매표소

1) '투어 어드벤처'와 '미션 어드벤처' 타입 선택

관람객은 매표소에서 '투어 어드벤처'와 '미션 어드벤처' 중 하나를 선택하여 입장권을 구매한다. '투어 어드벤처' 타입은 안내판의 내용에 따라 테마로드를 돌며 여행하듯 체험하는 소극적 인터랙티브 방식이고, '미션 어드벤처'는 관람객이 별주부전 설화에 등장하는 별주부가 되어 용왕의 미션을 완수하는 적극적 인터랙티브 방식이다.

'투어 어드벤처' 타입은 '미션 어드벤처' 타입을 부담스럽게 생각할 수 있는 노년층과 사정상 '미션 어드벤처'를 선택하기 어려운 대상을 위해 안배한 것일 뿐이고, 대부분의 관람객이 '미션 어드벤처' 타입을 선택하도록 안내원의 유도가 필요하다. 테마파크 운영 초기를 지나 이후 도입시설과 시스템이 추가되어 운영 안정 단계에 들어서면 점진적으로 미션 어드벤처 전용 테마파크로 나아갈 수 있도록 한다.

'미션 어드벤처'를 선택하면 입장료에 부가 이용금이 추가되지만 흥미는 배가되고, 나중에 '포토북'을 제공받을 수 있으며 인터넷 홈페이지에서 관람객이 만들어가는 <비토별 외전> 코너에 적극적으로 참여할 수 있다.

<비토별 외전> 코너는 관람객이 테마파크에서의 즐거운 시간을 보낸 뒤 귀가하여 인

터넷 홈페이지 상에 사진을 올리고 글을 써서 새롭게 창작된 별주부전을 선보이는 프로그램이다.

가족 단위나 연인으로 테마파크를 방문하여 '미션 어드벤처'를 선택할 시, 구성원 개별 선택이 가능하고, 가족이나 연인의 공동 미션 선택도 가능하다. 공동 미션의 경우, 개별 미션과 다름없이 체험은 동일하나 포토룸에서의 사진은 대표 별주부 1인만 촬영가능하다. 그리고 포토북도 한 권만 제작된다(이하 '공동미션-1'타입).

만약 자녀가 두 명이고 두 명 모두 포토룸에서의 촬영과 포토북 제작을 각각 원할 시 이용 금액이 따로 부가된다(이하 '공동미션-2' 타입).

<표 Ⅲ-3> 이용권 종류에 따른 이용 금액과 특전

n : 그룹 인원 수

이용권 종류 세부 사항	투어 어드벤처	미션 어드벤처		
	개별 투어 타입	개별 미션 타입	공동미션-1 타입	공동미션-2타입
이용 금액	기본 입장료	(기본 입장료*n) +(미션 선택 이용료*n)	(기본입장료*n) + 미션 선택 이용료 + {(n-1)*(미션 선택 이용료*0.3)}	(기본입장료*n) +(미션 선택 이용료*2) + {(n-2)*(미션 선택 이용료*0.3)}
특전 1		포토북 n권 증정	포토북 1권 증정	포토북 2권 증정
특전 2		<비토별 외전> 참여 가능	<비토별 외전> 참여 가능	<비토별 외전> 참여 가능

<그림 Ⅲ-5> 주차장 및 진입광장

<그림 Ⅲ-6> 매표소 & 안내소 투시도

2) 미션 어드벤처 개요

매표소에서 미션 어드벤처 타입을 선택한 관람객은 총 11개의 미션을 이행하고, 8개소의 포토룸에서 15장의 사진을 기본적으로 촬영한다.

관람객이 별주부가 되어 용왕의 미션을 하달받고 임무를 완수하면 다음 코너에서 새로운 미션을 받아 해결해야 한다. 이 때 매 코너에는 포토존이 룸으로 설치되어 있어 입장 시 받았던 전자팔찌를 인식기에 갖다 대면 준비된 의상을 착용하고 사진을 찍을 수 있다.

포토룸은 모두 8개소로 코너 별로 존재하는데 거기서 각각 촬영한 관람객의 영상 데이터는 나중에 자기만의 포토북을 만드는 소중한 기념 자료가 된다.

테마파크 모험이 끝나면 팔찌를 반납할 때 제작된 포토북을 받게 되는데(제작 여건 상 시간 소요가 불가피할 경우 일주일 이내 우편으로 배달) 각자 별주부의 역할을 맡아 토끼간을 찾으러 다녔던, 세상에서 유일하게 존재하는 별주부전 포토북을 얻게 된다.

3) 포토룸 사용을 위한 대기 지체의 문제

2안의 경우 포토룸의 확충이 가능하기에 잼 현상이 문제가 되지 않겠지만, 1안의 경우는 대기 지체의 문제가 발생할 수 있다.

일반적으로 포토부스에서 촬영을 하는데 소요되는 시간은 6분 정도 예상된다.

개인 방문은 드물고 주로 가족이나 연인 단위로 이용하므로 공동미션-1타입을 주로 이용할 것이다.

한 단위의 인원을 2명으로 가정하고 20명(10팀)이 한꺼번에 포토룸에 대기했을 때 포토부스가 평균 3개 설치되어 있으므로 세 팀으로 나누어 줄을 서면 최종 대기자는 12분~18분만에 입장이 가능하다.

대기 시 지루함을 덜기 위해 줄 선 관람객 시선에는 테마파크를 효율적으로 이용할 수 있는 다양한 정보 제공 안내판 또는 모니터가 부착된다. 촬영 시간을 줄일 수 있도록 포토룸 이용법을 안내하는 것은 물론, 테마파크의 조감도, 미션 수행 순서도, 퀴즈 통과 대비 정보마당(비토섬 별주부전 설화의 시퀀스별 줄거리, 토끼의 다양한 종류 등)을 제공한다.

어린이 단체 관람의 경우, 참여 인원 모두 개별 미션형을 채택할 수도 있다. 이러한 경우, 인솔 교사의 지도 하에 시간 안배가 필요한데 테마파크 방문 전 예약 시 포토룸 관련 안내를 해야 하고, 이런 절차 없이 방문하였다면 테마파크 입구 안내소의 안내원이 인솔 교사에게 협조를 구하도록 한다.

인솔 교사의 시간 안배란 어린이 30명일 경우, 15명씩 2조로 나누어 한 조는 촬영을 하고 다른 한 조는 외부 프로그램을 즐기는 식으로 교차시키는 등의 방안이다.

어린이 단체 관람이 아니더라도 포토룸이 붐비는 경우에는 안내원이 외부 시설의 활용을 유도한다. 예를 들면 테마파크 입구 포토룸의 경우, 기념품숍이나, 안내소의 미니어처맵 등을 둘러볼 수 있다. 또한 수변데크 1, 2의 경우 포토존이므로 포토존 촬영을 유도하는 것도 방안 중의 하나이다.

4) 전자팔찌 & 미션수행 체크카드 사용법

1. 안내소에서 전자팔찌와 목걸이형 미션수행 체크카드를 받는다.
2. 미션수행 체크카드 앞 면은 테마파크 배치도, 뒷면은 미션을 완수하면 안내원으로부터 받는 스티커 부착란이다.
3. 스티커를 받으면 포토부스에 들어가 센서에 전자팔찌를 인식시킨다. 각 시퀀스 스토리에 맞는 그림을 배경으로 사진을 1장~3장 촬영한다.
4. 시퀀스 별로 포토 룸이 존재하므로 촬영을 10여 차례 진행한다.
5. 이렇게 촬영한 데이터는 포토북 프로그램에 입력되어 미션 수행이 끝나면 한 권의 포토북이 되어 나온다.

<그림 Ⅲ-7> 미션수행 체크카드 예 : 앞면에는 테마파크 배치도를 제공한다.

<그림 Ⅲ-8> 포토북(표지 및 내지)

(2) 안내소

1) 동선 안내

① 놀이식 동선 파악

관람객이 매표소에서 입장권을 구입하여 테마파크 내로 진입하면 맨 먼저 안내소가 눈에 띈다. 안내소 앞에는 전체 테마파크의 미니어처가 안내판 구실을 하며 관람객들의 동선을 알려준다. 테마파크의 '미니어처맵'은 비토섬을 세밀하게 축소해놓은 듯한 것으로 지름이 1.5미터~2미터 정도이며 반구 모양의 투명유리 지붕으로 미니어처를 덮는다.

관람객들이 미니어처를 둘러서서 가장자리를 따라 살펴보며 특정 유리면에 손을 갖다 대면 해당 지점에 인식불이 점등된다. 이는 이용자로 하여금 흥미를 유발시키며 전체 지형을 파악하게 유도하기 위함이다. 일몰 모드 버튼을 누르면 미니어처 곳곳에 켜진 색색 조명으로 그 자체로 볼거리가 될 수 있도록 한다.

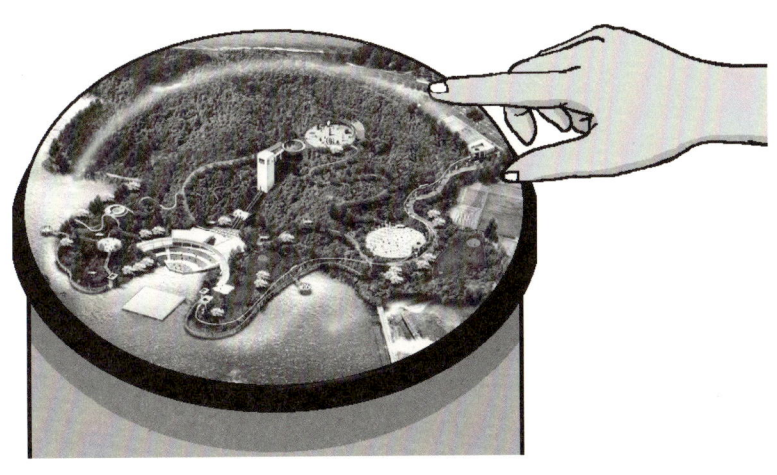

<그림 III-9> 미니어처맵

2) 미션형 어드벤처 안내

안내소 내부에는 미션형 모험의 과정을 단계별로 설명하는 안내문이 붙어 있으며, 안내원으로부터 미션 체험에 대한 간단한 설명을 들은 뒤 전자팔찌(포토존에서 사진을 찍기 위한)와 목줄이 달린 스티커 카드(미션수행체크카드)를 받는다.

안내원은 인어복을 입거나 도미 모양의 물고기 모자와 그에 걸맞는 의상을 하고 관람객에게 '볼거리를 제공함은 물론 별주부전의 세계에 몰입할 수 있도록 분위기를 조성한다. 이후 이어지는 각 포토부스의 안내원들은 용궁의 만조백관(도미, 민어, 오징어, 조개, 방개, 청어, 해구, 홍어, 조기, 낙지, 성대, 가오리, 상어, 삼치, 가재 등)의 형상을 하고 관람객의 안내를 맡는다.

안내원은 관람객에게 첫 번째 미션을 전달한다. 원래 미션 전달은 안내원이 하지 않고 포토룸에서 촬영이 끝나면 자동적으로 미션카드가 출력되는 방식이거나 미션 내용을 녹음된 음성으로 들려주며 진행한다. 처음 진행하는 미션이기에 안내원의 도움이 필요할 여지가 있어 제1 미션은 안내원이 고지한다.

미션 1

나는 미션을 내리는 용왕이고 이제부터 여러분은 별주부가 되어 나의 미션을 완수하시오. 내가 듣건대 육지에서 불만한 것이 '토끼 놀이동산' 이라는 곳이 있다던데 거기서 신나게 놀아보고 휴대폰이나 디지털 카메라로 사진을 촬영하거나, 재미있는 놀이 하나를 미션수행 체크카드에 적어 오시오.

제1 미션은 디지털카메라나 촬영가능한 휴대폰을 소지한 경우에는 사진촬영을 유도하고 그렇지 못한 경우는 놀이 종목을 하나 적어 내는 것으로 미션을 제시한다.

미션을 위해 관람객이 찍은 사진들은 후에 홈페이지 코너에 올릴 수 있도록 하고, 정기적인 심사를 거쳐 경품을 제공한다.

3) 제1 포토룸[3]에서의 사진 촬영

포토룸 내에는 2~3개의 포토부스가 존재한다. 포토부스의 넓이는 5~6평 정도이며, 관람객 1인이 사진을 찍는 데 소요되는 시간은 5분 이내이다. 대기행렬이 있을 경우, 기다리는 시간이 지루하지 않게, 그리고 포토부스 안에서의 익숙한 촬영을 유도하기 위해 포토부스 이용법을 줄 선 관람객의 시선에 맞게 안내문을 붙여 둔다.

```
안내문에 들어갈 사항
ㄱ. 해당 시퀀스의 줄거리
ㄴ. 포토부스 안에서의 촬영순서 안내
ㄷ. 포토부스 안의 그림 배경
ㄹ. 관람객의 촬영 포즈 예시
ㅁ. 포토룸 이용 예절
```

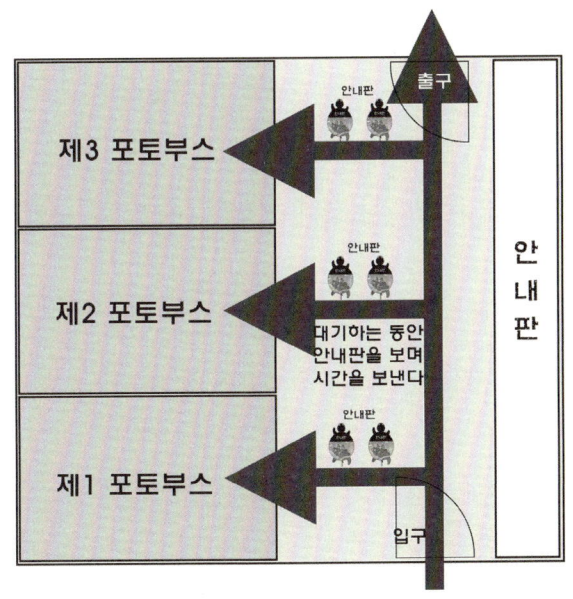

<그림 Ⅲ-10> 포토룸 조감도

관람객들은 미션카드를 받은 뒤 제1 포토룸에 들어가면, 제1 미션의 출발지답게 웅장한 행진곡 풍의 음악이 흘러나온다. 포토룸 안은 몸단장을 확인할 수 있는 거울이 있고, 촬영을 위한 의상과 소품이 비치되어 있으며 스티커 사진관처럼 자동셀카 카메라가 관람객을 맞이한다.

---

3. 포토룸은 포토부스와 대기하는 공간을 포함하여 지칭하는 말이고, 포토부스는 포토룸 내에 설치된 또다른 방으로 거기서 사진을 촬영한다.

촬영 전에 전자팔찌를 인식시키고 전자음성의 안내에 따라 혹은 모니터의 자막 지시에 따라 촬영을 한다.

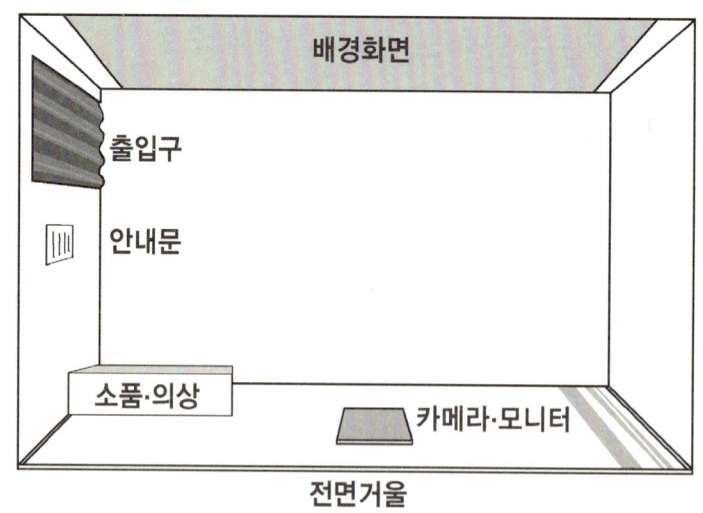

<그림 III-11> 포토부스 조감도

* 포토부스 내 비치 의상과 소품 예

사진을 찍는 배경은 육상의 기화요초 가득한 육지의 별천지 그림이 준비되어 있다. 배경그림은 2차원의 평면과 3차원인 관람객의 차원적 간극을 메꾸기 위해 착시효과를 활용한 트릭아트로 준비된다.

관람객들은 용왕의 명을 받들어 떠나는 거북이처럼, 비치된 의상을 입고 용왕에게 절을 하는 모습을 사진으로 찍는다. 사진 포즈는 포토룸 안에 몇 가지 예시해 놓지만 관람객 스스로 미션을 받는 상황에 걸맞는 다양한 아이디어의 포즈를 만든다면 금상첨화이다.

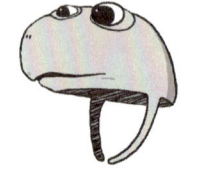

<그림 III-12> 별주부 모자 및 의상

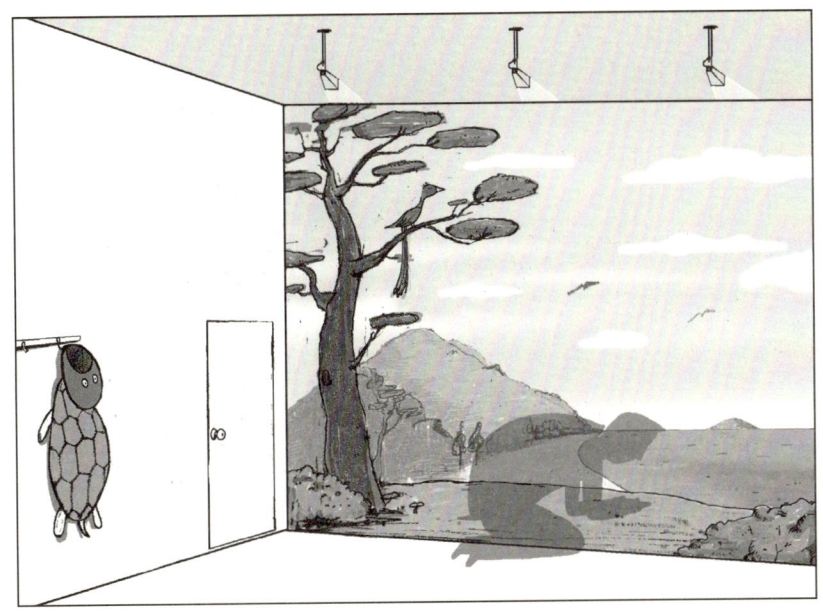

<그림 Ⅲ-13> 포토룸 1 배경그림

* 트릭아트의 예

 재미있는 포즈 연출을 유도하기 위해 포토 부스 내에는 '별주부 포토북'이 만들어진 뒤 베스트포즈상을 뽑아 홈페이지에 게시하고 경품을 제공한다는 안내문도 붙어 있다.

 촬영을 끝내면 "용왕님으로부터 제1 미션이 도착했습니다."라는 전자음성과 함께 미션카드가 출력된다. 관람객은 미션의 내용을 다시 한번 확인하고 토끼놀이동산으로 향한다.

<그림 Ⅲ-14> 트릭 아트

3부 별주부전 테마파크 스토리텔링 기획의 실제

■ 촬영 순서도

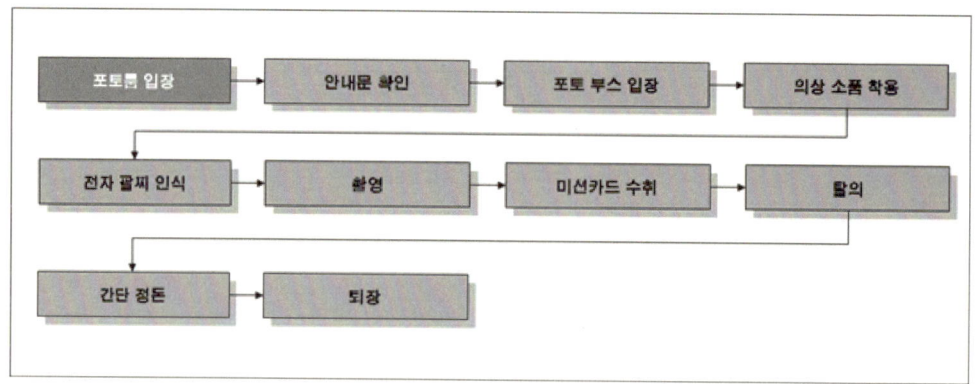

<그림 Ⅲ-15> 관람객의 촬영 순서도

4) 이동

  사진을 찍은 관람객은 미션수행을 하기 위해 토끼놀이동산을 향해 도보로 이동한다. 길 양 옆은 꽃축제를 연상시킬 만큼의 화려한 화단이 조성되어 있다. 또한 별주부전에 등장하는 동물의 거대 조각상이 도열해 있어 관람객들은 토끼놀이동산까지의 도보길을 꽃의 향연과 거대 조각상에 정신을 빼앗겨 걷는다. 꽃밭과 조각상을 배경으로 사진을 찍기도 하고 몇 번의 감탄과 탄성을 자아내다보면 관람객은 어느 새 토끼놀이동산에 도착한다.

(3) 토끼놀이동산

<그림 Ⅲ-16> 토끼놀이동산 (세1 안)

1) 디오라마관과 안내판

스토리와 지형을 한 눈에 쏙

　토끼놀이동산의 초입에는 남편 토끼와 아내 토끼가 선창 마을, 장대먼당, 찔끔자혜, 돌끝 바닷가 등지를 생활 근거지로 평화로이 살고 있었음을 표현하는 공간으로 간략한 시퀀스의 줄거리가 씌어 있는 안내판과 안내소 초입에 있던 미니어처맵처럼 토끼 부부가 평화로이 뛰어 놀던 지역 위주의 미니어처가 유리반구 안에 자리잡고 있다.

　설화 속의 놀터 배경이 꽤나 넓은 지역에 분포되어 있어 미니어처맵의 설치가 요구되며, 시퀀스 스토리의 이해를 돕기 위해 인상적인 장면을 디오라마관으로 꾸민다. 관람객은 토끼놀이동산의 시퀀스 스토리를 설화적으로 먼저 이해하고, 스토리가 녹아있는 놀이 공간을 자연스럽게 즐길 수 있도록 한다.

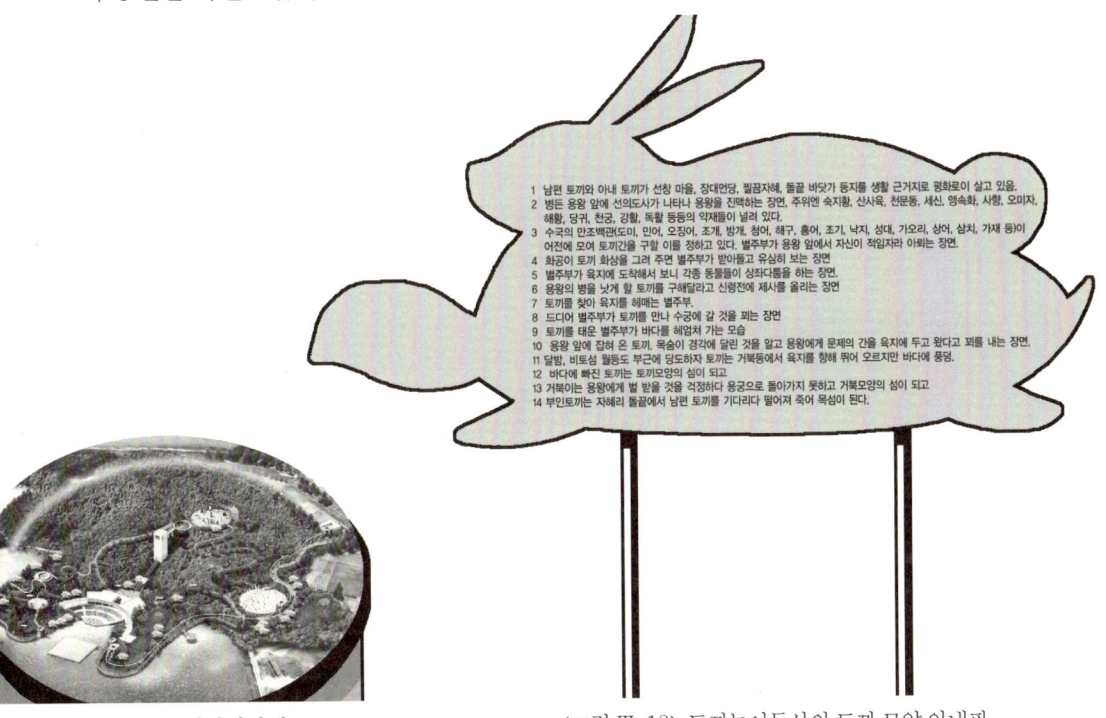

<그림 Ⅲ-17> 미니어처맵　　　　<그림 Ⅲ-18> 토끼놀이동산의 토끼 모양 안내판

<그림 Ⅲ-19> 디오라마관의 예

○ 디오라마관 구성 내용

<표 Ⅲ-4> 디오라마관 구성 내용

디오라마-1	남편 토끼와 아내 토끼가 선창 마을, 장대먼당, 찔끔자혜, 돌끝 바닷가 둥지를 생활 근거지로 평화로이 살고 있음
디오라마-2	병든 용왕 앞에 선의도사가 나타나 용왕을 진맥하는 장면, 주위엔 숙지황, 산사육, 천문동, 세신, 앵속화, 사향, 오미자, 해황, 당귀, 천궁, 강활, 독활 등등의 약재들이 널려 있다.
디오라마-3	수국의 만조백관(도미, 민어, 오징어, 조개, 방개, 청어, 해구, 홍어, 조기, 낙지, 성대, 가오리, 상어, 삼치, 가재 등)이 어전에 모여 토끼간을 구할 이를 정하고 있다. 별주부가 용왕 앞에서 자신이 적임자라 아뢰는 장면.
디오라마-4	화공이 토끼 화상을 그려 주면 별주부가 받아들고 유심히 보는 장면
디오라마-5	별주부가 육지에 도착해 보니 각종 동물들이 상좌다툼을 하는 장면.
디오라마-6	별주부가 토끼를 찾기 위해 미로를 헤매는 장면
디오라마-7	드디어 별주부가 토끼를 만나 수궁에 갈 것을 꾀는 장면
디오라마-8	토끼를 태운 별주부가 바다를 헤엄쳐 가는 모습
디오라마-9	용왕 앞에 잡혀 온 토끼. 목숨이 경각에 달린 것을 알고 용왕에게 문제의 간을 육지에 두고 왔다고 꾀를 내는 장면

디오라마-10	달밤, 비토섬 월등도 부근에 당도하자 토끼는 거북등에서 육지를 향해 뛰어 오르지만 바다에 풍덩
디오라마-11	바다에 빠진 토끼는 토끼모양의 섬이 되고
디오라마-12	거북이는 용왕에게 벌 받을 것을 걱정하다 용궁으로 돌아가지 못하고 거북모양의 섬이 되고
디오라마-13	부인토끼는 자혜리 돌끝에서 남편 토끼를 기다리다 떨어져 죽어 목섬이 되고....

또한 안내판에는 놀이 시설의 위치와 종류 등이 적혀 있어, 전체를 한 눈에 쉽게 파악할 수 있다. 토끼놀이동산에는 친환경 '그린 놀이터', 미니 스포츠게임장, 그리고 썰매장이 설치되어 설화 내용이 그러하듯 그 옛날 토끼처럼 관람객이 마음껏 뛰놀 수 있는 공간을 조성한다.

```
안내문에 들어갈 사항
─────────────────
ㄱ. 토끼놀이동산의 별주부전 설화 내용
ㄴ. 토끼놀이동산의 조감도와 배치도
ㄷ. 그린 놀이터, 미니 스포츠게임장, 썰매장의
      간단 이용 방법
```

2) 자연과 함께 하는 친환경 '그린 놀이터'

기존에 사용되는 쇠나 플라스틱 재료가 아닌, 나무 등으로 만든 놀이터로, 흙이나 잔디 위에 정글짐, 시소, 죽부인 동굴 등을 친환경 소재로 만들고, 그 모양도 모남 없이 원형으로 마감한다. 아이들은 놀이 기구에 기어오르고 매달리면서 자연과 하나되는 소중한 경험을 하게 한다.

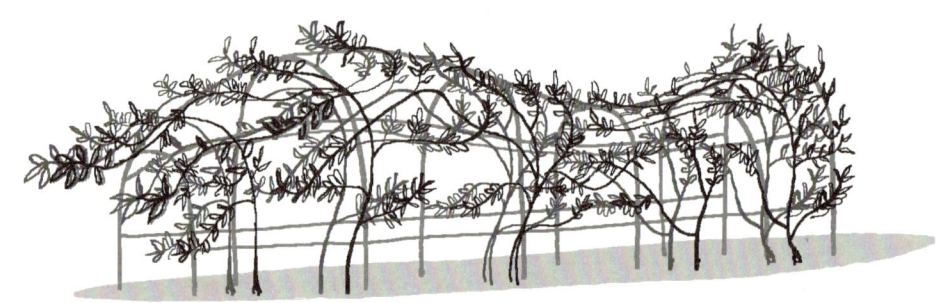

<그림 III-20> 등나무 터널

<그림 III-21> 죽부인 동굴 1, 2

3) 미니 스포츠게임장

　미니 스포츠게임장은 축구, 야구, 농구, 풋살 등의 운동을 할 수 있는 공간이다. 가족 단위 혹은 가족 간 재미있는 운동을 즐길 수 있는데, 운동기구는 신청자에 한해 전자팔찌를 인식시켜 대여한다. 자전거, 커플자전거, 4인 자전거, 스케이트보드 등도 대여 가능하며 시간제로 운영한다.

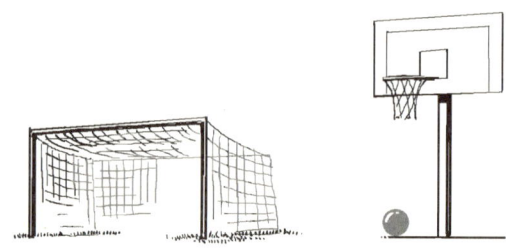

<그림 III-22> 풋살 및 간이 농구대

4) 썰매장

여름에는 잔디 썰매장, 겨울에는 눈썰매장으로 활용하며, 비토섬의 경사진 언덕을 활용하여 신나게 썰매를 타는 장소이다. 어른은 동심의 세계로 돌아가보는 추억의 장으로, 어린이는 탈 것에 대한 한없는 동경으로 어른·아이 할 것 없이 모두 환호성을 지르며 썰매를 탄다.

<그림 III-23> 잔디썰매

<그림 III-24> 눈썰매

5) 미션 수행

토끼놀이동산에서의 즐거운 놀이를 통해 사진을 찍거나 놀이 종목을 선정한 관람객은 제2 포토부스 안내원(가오리 코스튬)의 미션 확인 절차를 거친다. 제1 미션을 수행한 관람객에게는 각자 지니고 있는 미션체크카드에 스티커를 붙여주며 인증한다. 관람객은 제1 미션 인증절차를 거친 후 촬영을 하기 위해 제2 포토부스로 향한다.

6) 제2 포토룸

제1 포토룸과 마찬가지로 그 내부에는 셀프카메라 촬영법, 기본 사진포즈 예시, 의상과 소품 등이 마련되어 있다. 사진의 배경으로는 설화에 나옴직한 고전적인 그림으로 디자인하는데 두 마리의 토끼 부부가 낯선 방문객을 본 듯 나무나 풀숲에 숨어 호기심 가득한 눈을 빼꼼히 내밀고 있다.

촬영 구도 상 낯선 방문객은 관람객 자신이며 거기에 맞는 포즈와 표정을 연출하면 극적인 얘기가 있는 재미난 사진이 될 것이다. 사진을 찍고 나면 "용왕님으로부터 제2 미션이 도착했습니다."라는 전자음성과 함께 미션카드가 출력된다.

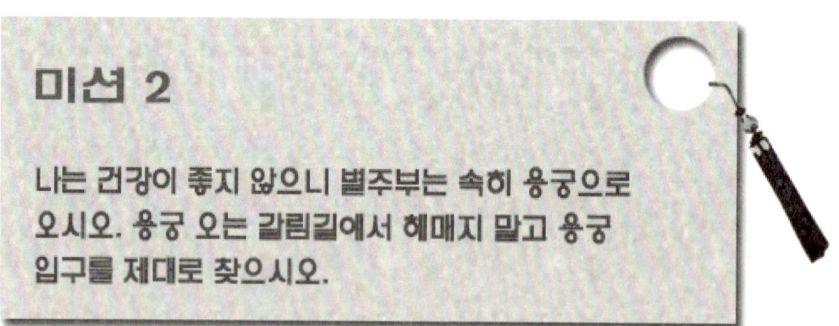

관람객은 제2 미션을 수행하기 위해 다음 지역으로 이동하는 안내판을 확인하고, 길을 떠난다.

<그림 Ⅲ-25> 포토룸 배경 그림

7) 이동

○ 해변산책로
○ 제2 포토룸에서의 촬영을 마치면 해변산책로로 향한다. 이 길은 용왕의 부름을 받고 별주부가 용궁으로 향하는 여정이며 별주부 역할을 맡은 관람객들은 앞으로 펼쳐질 미션에 대한 호기심에 마음이 한껏 부풀어 있다. 이동로는 해안을 따라 주변 경관을 음미하며 도보로 산책을 즐길 수 있다.

<그림 III-26> 해변산책로 & 수변데크 1

(4) 수변데크 1

1) 용궁으로 향하는 갈림길

해변산책로를 가다 보면 '용궁 가는 갈림길'이란 이정표와 함께 양갈래 방향의 갈림길에 도착한다. 관람객은 용궁 가는 방향을 찾기 위해 주위를 둘러본다. 왼쪽 방향 저만치에 무슨 구조물이 보인다. 관람객은 왼쪽이라 예측하고 진입하면 바다 위로 돌출해 있는 수변데크에 이르게 된다. 여기에 용궁입구를 상징하는 단촐한 규모의 구조물(게이트 형)이 서 있다. 혹은 대형 물고기가 한껏 입을 벌리고 있는 곳을 입구로 해도 좋을 것이다. 이 공간에서의 안내원은 용궁 입구를 지키는 수문장으로서 머리는 상어 모양의 모자를 쓰고 수염도 붙인 모습이다.

2) 미션 수행

용궁입구를 무사히 찾은 관람객은 수문장에게 제2 미션 완수 스티커를 받고는 제3 포토룸으로 입장한다.

3) 제3 포토룸

신비스러운 음악이 흘러나오고 사진 배경은 화려한 용궁 입구가 그려져 있어 실제 용궁 입구에 온 듯한 착각이 든다. 촬영 요령은 전과 동일하다. 의상과 소품을 착용하고 전자팔찌를 인식시켜 촬영 모드로 들어간다. 용궁 입구 그림 앞에서 나름의 포즈를 취하며 사진을 촬영한다. 등을 보이며 용궁으로 들어가는 장면을 찍어도 좋고, 육지에서의 아쉬움이 남아 뒤를 돌아보는 포즈를 취해도 좋다. 촬영이 끝나면 뒤이어 나오는 제3 미션카드.

미션 3

내가 병이 깊어 입맛이 통 나질 않는데 용궁 앞뜰에 있는 굴, 조개, 고둥 등이 당기는구료. 별주부가 그것들을 캐어 오시오.

<그림 Ⅲ-27> 제3 포토룸 배경 그림 - 입궁하는 별주부

4) 포토존

수변데크 공간은 그 자체 포토존 구실을 하므로 바다를 배경으로 하거나, 실제 용궁 입구 구조물을 배경으로 개인적인 용도의 사진을 찍을 수 있다. 만약 수변데크의 공간이 협소하여 포토룸 공간을 충분히 확보하지 못해 관람객이 기다릴 경우 개인 촬영을 즐기며 대기한다.

5) 용궁 진입 전 준비사항

갯벌에서 어패류를 캐려면 장화, 호미, 바구니 등이 필요하다. 용궁으로 진입하기 전에 관람객은 안내원으로부터 갯벌 체험을 위한 소품들을 지급받아 이동한다.

6) 이동

용궁 입구를 통해 도보로 내려가면 갯벌(용궁 앞뜰)에 도착한다.

(5) 갯벌(용궁 앞뜰)

1) 갯벌 체험

　관람객은 비토섬 해안 갯벌에서 굴, 조개 등을 캐며 자연과 하나가 된다. 어린이에게는 자연생태교육체험을 제공하고, 어른들에게는 갯벌에서 캐낸 질 좋은 천연해산물을 먹거리로 활용할 수 있게 한다.

<그림 Ⅲ-28> 갯벌 체험

2) 미션 고지

　갯벌에서 굴, 조개 등을 캔 관람객들은 제4 미션을 갯벌에 세워진 안내판을 통해 전달받는다. 안내판에는 관람객의 동선을 안내하는 내용과 함께 제4 미션을 확인할 수 있다.

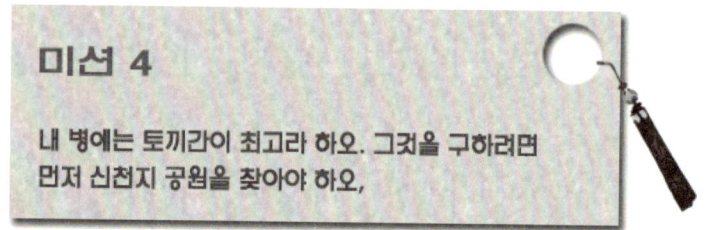

3) 이동

갯벌 체험을 한 관람객은 이정표의 안내를 받으며 해안 갯벌을 따라 지도의 '④' 지점에 도착한다. 혹은 휴게데크길을 통해 '④' 지점으로 이동할 수 있다. '④' 지점에서 표지판을 보고 신천지공원으로 향한다.

4) 세척과 갯벌 체험 도구 반납

갯벌 체험을 끝내고 육지에 오르면 바구니에 들었던 내용물은 비닐 봉지에 옮겨 담고 장화, 호미, 바구니 등을 반납한다. 그리고 갯벌의 오염물을 제거하기 위해 화장실에서 손 등을 세척한다.

<그림 III-29> 갯벌에 세워진 자라 모양의 안내판

(6) 신천지공원

<그림 III-30> 신천지공원

1) 미션 확인

　신천지공원에 도착하면 입구에 있는 안내원(육상동물의 코스튬 착용)으로부터 제3 미션을 확인하는 절차를 거친 뒤 미션체크카드에 스티커를 부착한다.
　본 코너에서는 미션 인증을 받은 뒤 포토룸으로 향하게 하지 않고 안내원이 관람객을 제3 디오라마관으로 안내하여 용궁에서 이미 진행된 스토리와 신천지공원에서 진행될 부분의 일부 시퀀스의 스토리를 이해시킬 필요가 있다.

2) 디오라마관과 안내도

① 제2 디오라마관

　용궁에서 병이 깊은 용왕이 선의도사로부터 진맥 받는 장면, 문무백관회의에서 별주부가 나서는 장면, 별주부가 화공으로부터 토끼화상을 받아들고 고개를 갸웃거리는 장면, 육지에서 도착해서 육상동물이 벌이는 상좌다툼 장면, 별주부가 천신에게 제사를 지내는 장면 등이 디오라마관으로 펼쳐지고 장면에 대한 글소개가 함께 한다.

② 안내도

　신천지공원의 배치도와 간략한 설명이 안내되어 있다. 토끼화상코너(퍼즐 맞추기, 토끼밑그림에 색칠하기), 상좌다툼코너(종이를 이용한 물고기모양의 모자 만들기, 풍선을 이용한 각종 동물모양의 풍선아트 만들기 등), 제례코너(제사의식, 생활예절 등을 체험) 등의 위치와 체험놀이가 안내된다.

3) 제4 포토룸

이번 포토룸에서는 배경 그림이 석 장이므로 촬영을 세 번 진행한다. 첫 장의 사진 배경은, 근엄하지만 병색 깊은 용왕이 누워 있고, 선의도사가 진맥을 하고 있는데, 용왕이 누군가(별주부)를 보고 반기는 표정을 하고 있다.

관람객은 용왕 앞에 엎드려서 절을 하고 있는 포즈도 좋고, 용왕이 먹고 싶다던 굴, 조개를 자랑스럽게 들어보여도 좋다. 주어진 그림 배경 앞에서 창의적인 포즈를 취하도록 유도한다.

<그림 III-31> 포토룸 배경그림 1-용왕 알현

두 번째 장면은 용궁에서 문무백관 회의를 하는 장면이다. 토끼간을 구할 신하를 누구로 결정할지 고민하는 장면이다. 문어가 나와 자기가 적임자라고 아뢰는 장면에서 별주부(관람객)가 그것은 말도 안 된다며 문어의 엉덩이를 차는 포즈도 좋고, 머리를 쥐어박는 코믹한 장면도 좋다.

아니면 문어를 아예 가리고 그 자리에 별주부(관람객)가 서서 자기가 적임자라고 아뢰는 장면으로 포즈를 취해도 된다. 앞서 전술한 바와 같이 몇 가지 포즈를 사진과 함께 예시해 놓는다면, 더 창의적인 사진찍기가 될 것이라 기대한다.

<그림 Ⅲ-32> 포토룸 배경그림 2-문무백관회의

<그림 Ⅲ-33> 포토룸 배경그림 3-토끼화상 입수

이렇게 석 장의 사진 촬영이 끝나면, 용왕의 제 5 미션이 하달된다.

> **미션 5**
> 토끼를 만나려면 토끼화상코너, 상좌다툼코너, 제례의식코너를 통과해야 하오. 각 코너의 과제를 완수하시오.

4) 토끼화상코너

별주부가 토끼를 찾아 떠나기 전 화공이 토끼의 모습을 그림으로 그려 준 시퀀스를 놀이 체험으로 꾸민 장이다.

① 게임 종류

토끼화상코너의 미션은 토끼 그림 퍼즐 맞추기와 토끼 밑그림에 색칠하기로 나뉘는데, 관람객의 선호도와 연령에 따라 둘 중 하나만 수행해도 안내원은 스티커를 붙여 통과시킨다. 노년층과 미취학 아동의 경우, 퍼즐 맞추기와 토끼 밑그림 색칠하기 중 하나를 택일 할 수 있고, 나머지 연령층은 퍼즐 맞추기를 완수해야 한다.

② 퍼즐 맞추기

8절지 혹은 4절지 정도의 퍼즐판에 가족이 모두 합심해서 토끼 그림을 퍼즐조각으로 맞추는 놀이이다. 난이도가 높은 퍼즐로는 큐브퍼즐이 있다. 토끼가 그려진 정육면체 큐브퍼즐을 맞추는 게임이다. 재미와 함께 가족 간의 협업으로 가족의 중요성을 일깨우고 중장년에게는 치매예방에, 아이들은 두뇌계발에 효과가 좋다. 특히 유아와 학생들에게는 집중력, 창의력, 인내력 향상에 도움이 되며 EQ 발달에 탁월한 효과가 있다.

남녀노소가 즐기는 게임으로 퍼즐이 맞추어지면 안내원에게 확인스티커를 받아 상좌다툼코너로 이동한다. 큐브퍼즐 맞추기 경연대회도 펼친다. 제일 먼저 맞춘 관람객을 대상으로 경품을 전달하고, 기념품숍에서 퍼즐 관련 상품을 판매한다.

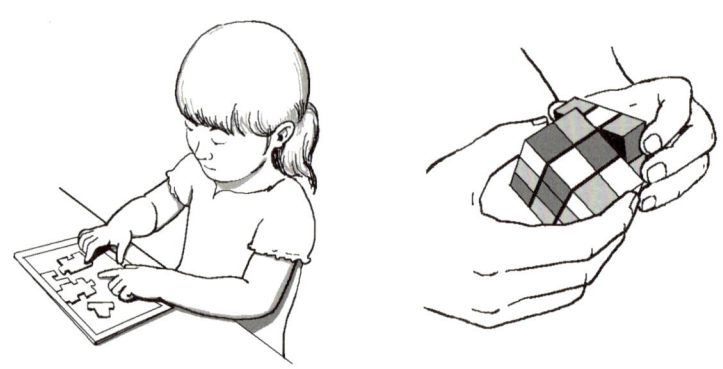

<그림 Ⅲ-34> 토끼 그림 퍼즐 맞추기와 큐브퍼즐 맞추기

③ 토끼 밑그림 색칠하기

  토끼 밑그림 색칠하기는 밑그림이 그려져 있는 도화지에 색칠을 하는 미션이다. 퍼즐 맞추기의 난이도를 따라가기 힘들거나 색칠하기를 더 좋아하는 관람객을 위해 준비한 코너이다.
  가족 간 협업이 가능하며 디자인에 대한 미적 감각을 기르고 정서 순화에 도움이 된다. 토끼 밑그림 색칠하기가 끝나면 안내원에게 확인 스티커를 받고 상좌다툼코너로 이동한다.

5) 상좌다툼코너

  상좌다툼은 별주부가 용왕의 명을 받들어 육지 세계로 왔을 때 육상 동물이 모여 서로 자기가 잘났다고 자랑을 하는 대목이다. 테마파크에서는 시퀀스의 내용과 부합하는 놀이 체험으로 관람객의 '솜씨자랑-내가 제일!'을 유도한다.

① 물고기 모자 만들기

  종이접기 전문 강사의 설명으로 관람객은 종이를 접고 오려 다양한 모양의 물고기 모자를 만들어 본다. 난이도에 따라 A, B, C 등의 타입이 있고 각 타입의 종이접기 과정을 안내판에 설명해 놓는다. 가장 어려운 난이도에 도전하여 완성한 관람객에게는 경품을 제공한다.

가족 모두 참여하여 각자 만든 종이 모자를 쓰고 사진도 찍고, 실외 햇빛 차단용으로도 사용한다. 나중에 제5 포토부스에서 자신이 만든 종이 모자를 쓰고 사진 촬영을 해도 좋다.

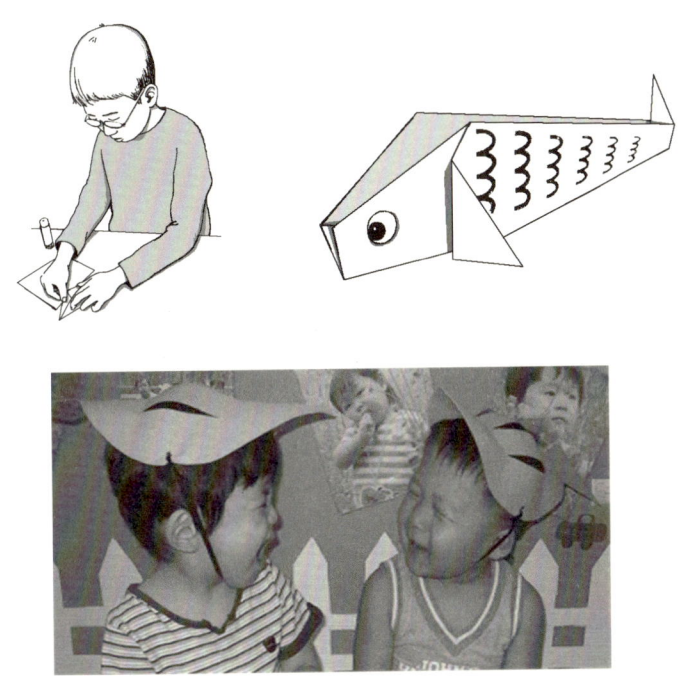

<그림 Ⅲ-35> 물고기 모자종이 접기와 종이로 만든 물고기 모자

② 육상동물 모형 만들기

풍선을 이용하여 다양한 형태의 모형을 만드는 것을 풍선아트라 한다. 상좌다툼을 하던 육상의 여러 동물들을 풍선으로 만들어 보는 코너이다. 안내판에 자세한 설명이 나와 있고, 풍선아트 전문 강사가 코너를 돌며 조언을 해 준다. 물고기 종이모자를 만들 때처럼 난이도에 따라 쉬운 것에서부터 어려운 것으로 분류하고 가장 높은 난이도의 모형을 만든 관람객에게 경품을 제공한다.

<그림 Ⅲ-36> 풍선아트 제작과정 및 풍선아트 완성품

　상좌다툼 코너는 두 가지 과정의 미션을 모두 완수해야 하며 각각 하나씩의 미션 확인 스티커를 받는다. 그리고 제례의식코너로 이동한다.

6) 제례의식코너

　용왕의 병을 낫게 할 토끼를 구해달라고 신령전에 제사를 올리는 장면을 교육 체험의 장으로 꾸민 코너이다.
　어린이들이 예절 교육과 효의 정신을 학습하는 장이며, 청장년층도 사라져가는 전통의 중요성을 다시 한번 되새기는 기회가 된다.
　국악이 흐르는 분위기에서 제삿상을 차리는 법, 축문 읽는 법(성인용 미션), 남녀 성별에 따른 큰절하는 법, 그 외 인사 예절, 식사 예절, 생활 예절 등을 배워본다. 한복을 입은 훈장어른 또는 예절 교육 강사의 설명을 듣고 하나하나 따라 하다 보면 우리 전통 문화에 대한 애착이 커질 것이다.
　제삿상 차리는 법을 마지막에 교육을 받게 되는데, 이 때 모형으로 제작된 음식과 음식을 담은 그릇을 이용하여 실제 진설 체험을 해보고 그 과정을 통과하면 갓과 도포를 두른 복식의 안내원으로부터 스티커를 받는다.
　또한 제사음식 중 두 세 가지 정도 요리하는 법을 가르치는 것도 좋다. 갯벌에서 잡은 굴, 조개 등을 재료로 전을 만들거나 나물 무치는 법을 배우기도 한다. 제사음식이 아니지만 굴, 조개 등의 간단한 재료로 관람객의 요리솜씨가 돋보일 경우, 경품을 제공하고 이를 통해 비토섬의 대표적인 음식을 개발하는 아이디어도 얻을 수 있다.

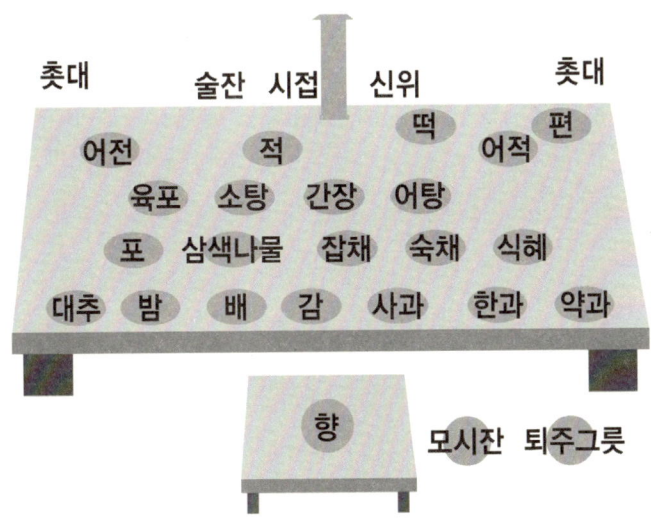

<그림 III-37> 차례상 차리기

7) 이동

신천지공원에서 이정표에 따라 다음 미션 수행 장소를 향해 도보로 이동한다. 신천지공원에서 미로공원의 입구까지는 거리가 길지 않아 짧은 시간에 이동가능하다.

(7) 미로공원

미로공원은 별주부가 용왕의 명을 받들어 무성한 숲을 헤치고 토끼를 찾아 헤매는 과정을 묘사한 공간이다. 콘크리트벽이나 돌담보다는 숲으로 조경하는 것이 설화의 내용과 부합되며 자연친화적 콘셉트를 효과적으로 살릴 수 있다. 미로가 끝나는 출구를 나오면 옹달샘 약수가 있어 시원한 물 한 잔으로 숨을 돌린다.

<그림 III-38> 미로숲 입구

<그림 III-39> 미로숲

1) 미션 확인

관람객이 미로공원 입구에 도착하면 여우의 복장을 한 안내원(육상동물 코스튬)이 미션수행 체크카드를 확인한다. 신천지공원에서 넉 장의 스티커를 받은 관람객은 제5 포토룸에 입장할 수 있다.

2) 제5 포토룸

신천지공원에서 수행했던 상좌다툼코너와 제례의식코너에 해당하는 사진을 찍는다. 첫 번째 배경 그림은 각종 육상 동물이 숲속에 모여 자기가 더 잘났다고 자랑을 하고 있다. 관람객은 그들을 몰래 엿보는 포즈를 취하면 시퀀스의 내용과 부합되는 촬영이 된다.

<그림 Ⅲ-40> 포토룸 배경 그림 1 – 상좌다툼

두 번째 배경 그림은 제례의식코너로 토끼를 잡게 해달라고 제사를 지내는 장면이다. 제삿상 앞에서 절을 하거나 축문을 읊조리는 포즈가 적당하다.

<그림 Ⅲ-41> 포토룸 배경 그림 2 – 별주부의 신령전 제사

이렇게 두 장의 사진을 찍고 나면, 제6 미션이 하달된다.

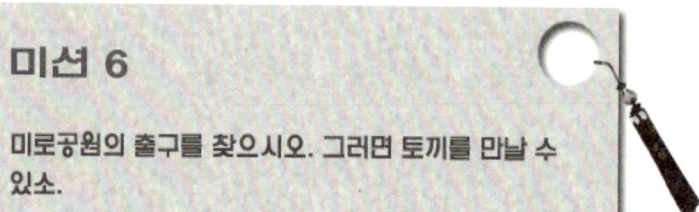

미션 6

미로공원의 출구를 찾으시오. 그러면 토끼를 만날 수 있소.

3) 미로 출구 찾기

미로공원길의 좌우에는 어른키만한 높이의 꽃나무가 만발해 있다. 꽃이 피는 시기에는 꽃벽으로 장관을 이루고 꽃이 지더라도 사철 푸른 꽃나무이기에 초록벽으로 수수께끼같은 미로를 형성한다.

관람객이 미로에서 사이사이 쉴 수 있는 휴게 공간과 간단 시설을 설치하고, 포토존을 만들어 낯선 공간에서의 즐거운 순간을 오래 간직하게 한다.

<그림 Ⅲ-42> 꽃이 피었을 때의 미로의 예

<그림 Ⅲ-43> 꽃이 졌을 때의 미로의 예

4) 이동

미로 출구에서 나오면 바로 토끼마을이다.

(8) 토끼마을

이 시퀀스는 별주부가 산 넘고 물 건너 드디어 토끼를 만나는 대목이다. 별주부는 토끼가 사는 집을 찾아 감언이설로 토끼를 꾄다. 이에 남편 토끼는 용궁행을 결심한다.

<그림 Ⅲ-44> 토끼마을

1) 제7 미션 공지

토끼마을 입구에는 조감도와 함께 미션 안내판도 있다. 제7 미션이라 씌어 있고, 용왕의 그림과 함께 다음의 문구가 있다.

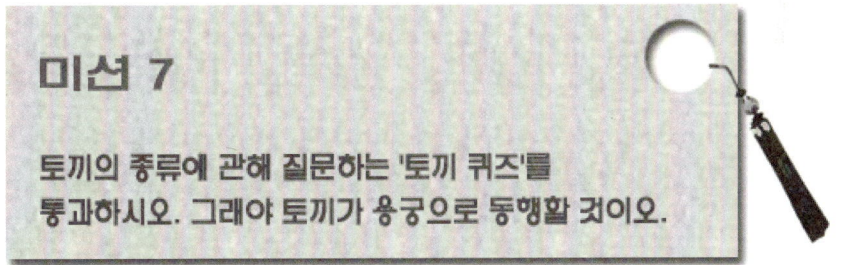

미션 7

토끼의 종류에 관해 질문하는 '토끼 퀴즈'를 통과하시오. 그래야 토끼가 용궁으로 동행할 것이오.

2) 토끼와의 춤을♪

안내판의 미션을 확인한 관람객은 토끼 우리에 도착한다. 아늑하게 조성된 토끼마을은 토끼가 살던 집, 혹은 토끼마을의 콘셉트를 살려 포근함이 가득하다. 관람객은 먼저,

널따란 우리에서 한가로이 풀을 뜯고 있는 수백 마리의 토끼를 볼 수 있다. 다양한 종류의 토끼들이 떼를 지어 있는 모습은 장관을 이루고 벅찬 감동을 자아내기도 한다.

관람객은 토끼 우리에 입장하여 가까이서 토끼를 관찰할 수 있으며, 어린이들은 토끼와 함께 뜀박질하며 마음껏 뛰어놀 수 있다. 우리 내 곳곳에는 토끼의 생물학적 특징을 설명하는 안내판이 서 있어 토끼의 종류나 습성을 이해하는 데 도움을 준다. 토끼마을은 그야말로 살아있는 생태체험학습장으로 생명 존중과 정서순화 함양에 도움을 준다.

미션을 완수하기 위해 관람객은 열심히 토끼 종류를 외우고 어느 정도 학습이 되었다면 토끼퀴즈가 진행되는 컴퓨터 부스로 향한다.

토끼 우리 한 켠에는 애완토끼를 판매하는 코너가 있다. 귀여운 토끼와 뛰놀다 보면 보는 것만으로 만족하지 않고 토끼를 직접 키우고 싶은 생각이 간절할 것이다. 토끼 외에도 토끼장, 사료 등 일체를 구비해 놓아 관람객에게 편의를 제공한다.

3) 토끼 퀴즈

토끼 퀴즈는 컴퓨터가 있는 부스에서 자신의 팔찌를 갖다 대면 수험자의 정보를 인식한다. 먼저 퀴즈를 치르는 과정을 설명하는 화면이 뜨고 퀴즈가 진행된다. 퀴즈 출제 범위는 토끼의 종류에 대한 것으로 토끼 우리에 마련된 토끼종류 안내판에 한정한다. 토끼 우리 내에는 약 20여 종의 토끼 정보가 담겨 있다.

총 세 문제 중 두 문제 이상을 맞히면 합격이다. 합격은 전산 상으로 처리되어 따로 인증절차를 거치지 않는다. 만약 불합격 되면 부스를 나와 다시 줄을 서서 자기 차례를 기다려 재시험을 본다. 출제 화면 구성은 왼편에 토끼 사진과 오른편에 해당 토끼의 습성이 설명되어 있고, 4지 선다형으로 치러진다.

토끼 의상을 한 안내원이 합격자에 한해 미션수행 체크카드에 스티커를 붙여 주고, 포토 부스로 안내한다. 전자팔찌로 인식시켜 전산처리가 되긴 하지만, 안내원이 관람객에게 직접 확인절차를 거쳐 토끼 퀴즈를 응시하지 않거나 불합격된 채 다음 미션으로 넘어가는 것을 방지하기 위해서이다.

4) 제6 포토룸

포토부스에 들어서면 첫 번째 배경그림이 미로이다. 별주부가 토끼를 찾기 위해 무성한 숲을 헤치고 다니는 장면이다. 관람객은 이야기에 맞는 적당한 포즈를 취하고 사진을 찍는다.

두 번째는 별주부의 감언이설에 토끼가 귀를 쫑긋하고 관심을 가지는 것이 배경 그림이다. 관람객은 토끼를 꾀는 포즈를 취하고 촬영을 한다. 재치있는 관람객이라면 당근을 토끼 앞에 내놓고 익살스런 포즈를 취할 수도 있고, 토끼의 팔을 억지로 끄는 포즈를 취할 수도 있다.

<그림 Ⅲ-45> 포토룸 배경 그림 1- 토끼 찾아 삼만리

<그림 Ⅲ-46> 포토룸 배경 그림 2- 토끼 꾀는 별주부

촬영이 끝나면 제8 미션이 제시된다.

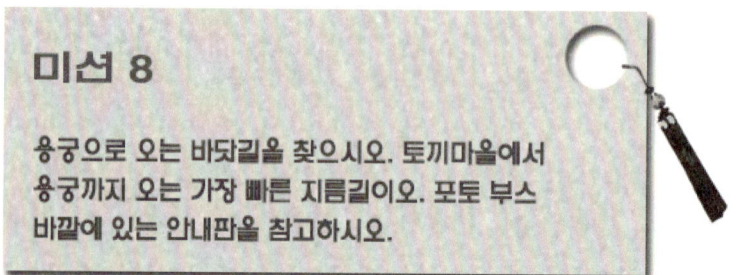

5) 이동

용궁으로 가는 테마산책로(용궁행 육로)는 숲속 오솔길이라 한낮인데도 시원하다. 관람객은 도보로 이동하며 테마로 곳곳에 제2 용궁입구를 안내하는 표지판을 참고하며 방향을 정한다. 산림욕을 하며 한가로이 산책을 하다 보면 어느 새 앞이 트인 바닷가에 도착한다. 최종 목적지인 수변데크 2(용궁행 수로)까지는 갈림길이 두 번 있는데 선택을 잘 못하면 다른 길로 빠질 수 있다. 길을 잘 못 들었을 경우, 적당한 지점에 이정표를 두어 되돌아갈 수 있게 한다. 제대로 길을 찾은 관람객은 목적지인 '용궁행 수로'에 도착한다.

<그림 Ⅲ-47> 용궁행 수로(수변데크 2)를 향한 테마산책로

(9) 수변데크 2 (용궁행 수로)

별주부가 토끼를 태우고 용궁으로 향하는 상황을 바다 위 수변데크 위에 꾸며놓는다. 포토룸과 토끼를 태운 별주부 동상, 토끼와 손을 잡고 걸어가는 별주부 동상 등의 조형물이 서 있다.

<그림 Ⅲ-48> 수변데크 2- 용궁행 수로

1) 미션 수행 확인 및 포토존 활용

용궁행 수로(수변데크 2)를 제대로 찾은 관람객은 안내원으로부터 확인 스티커를 받는다. 제7 포토부스로 이동하거나 수변데크에 설치된 토끼와 별주부의 동상을 배경으로 사진을 찍는다.

포토룸에 입장하기 위한 촬영행렬이 길어지면 관람객이 지루해 할 수 있다. 줄 선 행렬의 눈높이에 '하늘공원'으로 가는 안내판을 붙여 둔다. 배치도를 보며 하늘공원 가는 길을 숙지하다 보면 어느 새 자신이 촬영할 차례가 돌아올 것이다.

또한 이 공간은 바다를 배경으로 토끼와 별주부의 동상이 있어 포토존으로서도 손색이 없다. 행렬이 줄어들 때까지 먼저 포토존에서의 촬영을 진행할 수도 있다.

2) 제7 포토룸

별주부가 토끼를 태우고 용궁으로 가는 장면을 사진으로 찍는다. 여기에는 배경 그림과 함께 조형물도 세워져 있다. 바다가 그려진 배경그림 앞에 관람객은 적당한 높이에 떠 있는 토끼 조형물을 태우는 포즈로 사진을 찍는다.

<그림 III-49> 포토룸 배경 그림 1- 토끼와 입궁하는 별주부

<그림 Ⅲ-50> 포토룸 배경 그림 2- 토끼의 잔꾀

오랜 시간 토끼를 태우고 물을 헤치자니 별주부가 힘이 들만도 하다. 그래서 이번에는 토끼 등 위에 별주부(관람객)가 올라타고 용궁으로 달리는 코믹한 장면도 촬영 가능하다.

두번째 촬영은 용왕 앞에 잡혀 온 토끼가 목숨이 경각에 달린 것을 알고 용왕에게 문제의 간을 육지에 두고 왔다고 꾀를 내는 장면이다. 배경그림은 토끼가 포박당한 채 용왕 앞에 무릎을 꿇고 있고 그 옆에 서 있는 별주부의 포즈를 관람객이 취하면 된다. 재미있고 다양한 장면의 포즈가 나올 것으로 기대한다.

촬영이 끝나면 제9 미션이 제시된다.

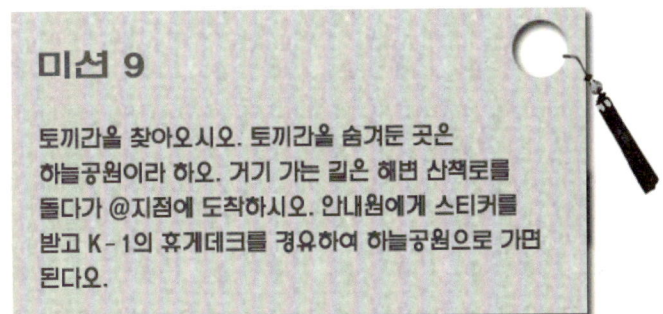

3) 이동

관람객은 용왕의 미션에 따라, 해변산책로를 걷는다. 잠시 후에 낯익은 지점 @가 보인다. 안내원이 관람객의 미션수행 체크카드에 스티커를 붙여주고 휴게데크길 K-1로 안내한다. 관람객은 정해진 길을 따라 하늘 공원으로 향하고, 결국 미션수행을 하다보면 비토섬 테마파크길을 빠짐없이 골고루 체험하게 된다.

(10) 하늘공원

하늘공원은 비토섬의 정상에 조성되어 있으며, 별주부가 토끼의 간을 찾는 하이라이트 대목이다. 관람객은 미션을 통해 보물찾기놀이처럼 재미있는 과정을 체험하고, 찾고 난 뒤의 성취감에 즐거워한다. '토끼간 찾기'는 추리력과 공간인지를 발달시키는 두뇌계발차원에서, 또 여기저기를 누비다보면 운동효과도 기대할 수 있는 미션이다.

토끼간을 얻지 못하는 원전의 스토리와는 다르지만 흥미로운 미션 프로그램을 위해 원전에서 벗어난 이야기로 진행되는 유일한 시퀀스이다. 토끼간 찾기 코너에서는 알림판을 통해, 휴게실에서는 전자책 등을 통해 원전과 다른 미션에 대해 관람객에게 알려 준다.

<그림 Ⅲ-51> 하늘공원 & 하늘연못, 휴게실

1) 토끼간 찾기

관람객은 하늘공원에 도착하면 안내문에 따라 토끼간을 찾기 시작한다. 토끼간은 하늘 공원에 조성된 해송과 계수나무 숲의 적당한 곳에 숨겨져 있다. 색깔은 주변과 동일한 보호색이고, 모양도 '숨은그림찾기'의 그림처럼 주변 환경과 소품에 자연스레 배치되어 있어, 언뜻 보면 그냥 지나칠 정도이다. 주머니처럼 생긴 토끼간을 열어보면 내부에는 토끼간 모양의 소품(쿠션베개류)에 용왕의 제10 미션이 인쇄되어 있다.

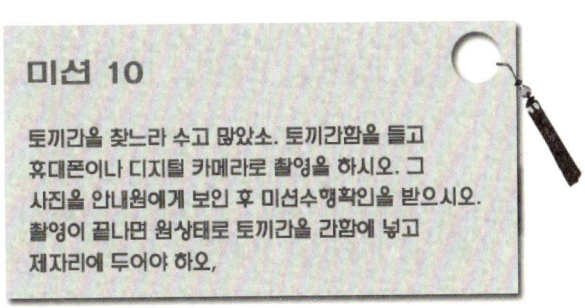

2) 휴게실

정상까지 왔으니 쾌적한 환경에서 휴식을 취하고 싶은 생각이 간절할 것이다. 관람객들의 지친 다리를 쉬게 하는 안락한 휴게실을 꾸민다. 한 켠에는 식음료 코너가 있고 대형 모니터에는 별주부전의 스토리를 주요 장면 위주로 스틸 애니메이션이 흐르고, 비토섬 테마파크의 알림 마당 코너가 있으며, 비토섬 주변 관광지에 대한 정보도 함께 제공한다.

컴퓨터 부스에는 여러 판본의 별주부전 설화를 제공하여 원하는 설화를 클릭하여

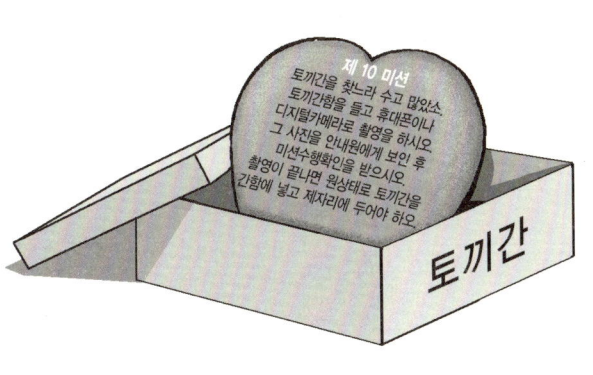

<그림 III-52> 토끼간 주머니와 내용물

볼 수 있는 전자책도 마련되어 있다. 화면은 글, 그림, 음성 등으로 구성되며 화면 위에 손을 갖다 대어 책장을 넘기는 시늉을 하면 다음 페이지로 넘어간다. 별주부전 고전문학관을 현대적이면서 최소의 환경으로 응축한 코너이다.

3) 공연, 퍼레이드, 이벤트

하늘공원은 비토섬의 정상이며, 미션 수행의 정점에 달하는 공간이다. 관람객이 미션의 성공적 수행을 자축하며 축제 분위기에 한껏 젖을 수 있도록 각종 공연, 퍼레이드, 이벤트 등을 마련한다. 사천문화원의 별주부전 마당극이 잔디 공원에서 상시 공연되고, 용왕 행렬 등의 퍼레이드가 펼쳐지며, 마술, 댄스 경연대회 등의 이벤트가 기획된다면 분위기가 더욱 고조될 것이다.

(11) 하늘연못

하늘연못은 물 위에 토끼섬, 거북섬, 월등도, 목섬 등의 미니어처가 떠 있어 비토섬 별주부전의 대단원 시퀀스를 표현하는 공간이다. 연못 주위에는 비토섬 별주부전의 후반부 내용을 설명하는 안내판이 서 있어 관람객들의 이해를 돕는다.

<그림 Ⅲ-53> 하늘연못

1) 포토존

토끼간을 찾은 관람객은 하늘연못으로 이동한다. 하늘연못 입구에는 안내원이 제10미션 수행을 확인하고 입장시킨다. 아늑한 연못의 경관과 연못 수면에 조성되어 있는 토끼섬, 거북섬, 월등도, 목섬의 미니어처가 볼거리이므로 훌륭한 포토존으로서의 역할을 한다.

2) 제8 포토룸

첫 번째 배경 그림은 보름달이 떠 있는 바다. 월등도가 바다에 비쳐 육지인 줄 알고 성급히 허공에 뛰어 오르는 토끼가 그려져 있고, 관람객은 토끼를 태운 형상으로 별주부의 포즈를 취한다.

<그림 Ⅲ-54> 제8 포토룸 배경 그림 1-월등도라 착각하고 바다에 빠지는 토끼

두 번째 촬영은 바다에 떠 있던 별주부가 거북섬으로 변하는 장면인데, 바다 위에 떠 있는 시름 깊은 별주부의 포즈이다.

<그림 Ⅲ-55> 제8 포토룸 배경 그림 2-거북섬이 된 별주부

마지막 세 번째 촬영은 달나라에서 떡방아를 찧는 토끼의 실루엣 배경 앞에서 테마파크에 동행한 가족 혹은 연인의 단체사진을 찍는 것으로 포토북을 위한 촬영은 마감한다.

<그림 Ⅲ-56> 제8 포토룸 배경 그림 3-토끼섬, 거북섬이 된 곳에서 달나라를 보며 가족끼리 기념 촬영

세 장의 사진 촬영을 끝내면, 제11 미션이 마지막으로 전해진다.

> **미션 11**
>
> 그 동안 수고가 많았소. 미션 수행을 성공적으로 끝내 참으로 다행이오. 별주부만한 충성심을 가진 신하를 아직 본 적이 없다오. 안내소로 내려가면 육지에 파견된 신하가 그대에게 '포토북'이라는 기념품을 전할테니 받아가시오. 좀 더 놀고 싶으면 토끼 놀이동산으로 가도 되오. 하지만 테마파크를 나가기 전에 꼭 입구의 안내소를 들러 기념품을 챙겨 가시오.

3) 이동

미션이 종료되어 처음 출발했던 입구 안내소로 내려온다. 더 즐기고 싶은 경우에는 G(제1 개별기획안 조감도 참조)의 썰매놀이에 참가하면서 토끼놀이동산으로 이동해도 된다.

(12) 입구 안내소 오리엔테이션

관람객은 입구 안내소에서 안내원의 간단한 설명을 듣는다. 전자팔찌를 반납하고, 미션수행 체크카드를 복사하고 사물함의 사물을 챙기는 등 퇴장 준비를 한다. 전자팔찌는 테마파크 내 전자지폐로 쓰이기 때문에 정산도 함께 이루어진다.

미션수행 체크카드는 원본을 관람객이 기념으로 갖고 복사본은 안내원이 챙겨둔다. 포토북 제작 시간이 걸린다면 일정 시간 이후 안내소로 방문하게 한다. 그 동안 관람객이 기념품 및 특산품 코너를 돌며 쇼핑을 하게 유도한다.

별주부전 테마파크 홈페이지에 <내가 최고 별주부!>(어린이용), <별주부 외전>(성인용)이라는 온라인 포토북 코너를 만들어 가정으로 돌아간 관람객이 각 장면마다 디카로 찍은 사진 자료들을 올려 내용이 알차고 아이디어가 돋보이는 포토북의 경우 일정 기간에 한번씩 '베스트 포토북'을 선정하여 시상한다.

이는 테마파크를 퇴장한 이후에도 진행되는 인터랙티브 유희이며 테마파크 홍보 효과와 함께 추억의 잔향을 두고두고 음미할 수 있다.

1) 기념품 및 특산물숍

① 기념품 코너

테마파크의 콘셉트와 관람객의 소구와 들어맞는 캐릭터 숍을 둔다. 포토부스에서 촬영할 때 사용했던 소품이나 배경그림에 등장하는 의상, 소품 등을 상품화하여 판매한다. 또한 공연을 한다면 무대에 등장하는 의상세트를 판매해도 좋고 미션을 수행하면서 체험했던 다양한 소품들이 판매 대상이다. 마스코트가 그려진 의류, 별주부와 토끼 마스코트, 각종 인형, 공예품, 그리고 별주부전 관련 도서 등을 비치한다.

<그림 Ⅲ-57> 기념품숍

② 특산품 코너

사천의 명물로 품질이 우수하고 희소가치가 있는 특산품을 판매하는 곳이다.
- 농산물 : 녹차·다래·한약재 등
- 수산물 : 굴·조개·바지락 등
- 가공용품 : 농·수산물을 활용하여 새로이 개발한 건강식품, 생활용품 등

가공용품의 예는 사천 연근해에서 난 해산물을(미역과 바닷물을 원료로 한) 이용하여

화장품이나 목욕용품 등을 개발(단독 개발이 어려우면 제조사와 MOU 체결 가능)한다든지 한약재를 이용한 건강식품을 개발하여 판매할 수 있다.

2) 퇴장

쇼핑을 마친 후 안내소에서 포토북을 받아들면 테마파크의 별주부 어드벤처가 모두 종료된다. 관람객에게 마지막 순간까지 최선의 서비스를 제공하여 다음에 다시 방문하고 싶은 관광지로 오래 남게 한다.

3장 제2 개별기획안

1. 구성에 따른 개별기획안

<표 Ⅲ-5> 구성에 따른 제2 개별기획안

시퀀스 단계	프롤로그	시퀀스1
단계별 요점	별주부가 된 관람객	토끼 부부의 육상에서의 평화로운 삶
도입 위치	입구 안내소	토끼놀이동산
미션 내용	• 제1 미션 : 토끼열차를 타고 토끼놀이동산으로 가서 재미있는 놀이를 휴대폰으로 찍어 오시오	• 제2 미션 : 용궁으로 오시오
도입 프로그램 및 연출	• 별주부로의 변신 • 용왕의 제1 미션 접수 • 제1 포토룸에서의 사진찍기 • 육상세계의 꽃길 즐기기 • 토끼 열차 타기	• 시퀀스1 스토리 파악 - 디오라마관 • 친환경놀이터 즐기기 • 미니스포츠게임하기 • 썰매타기 • 제2 포토룸에서 사진찍기 • 라이더 동산 즐기기 • 인디시어터 참관
도입시설	• 안내소 • 제1 포토룸 • 기념품숍 • 꽃길 • 모노레일(토끼열차)	• 제1 디오라마관 • 미니어처맵 • 그린놀이터 • 미니스포츠 게임장 • 썰매장 • 제2 포토룸 • 라이더 동산 • 인디시어터

운송 수단	• 모노레일을 미끄러지는 토끼열차를 타고 이동		• 토끼열차 타고 용궁정류장으로 이동(도보 이동도 가능) • 용궁정류장에서 용궁입구까지 무빙워크 혹은 도보 이동
동선	• 입구 안내소->꽃길		• 토끼놀이동산->해변모노레일->용궁 정류장->용궁입구 • 1안은 선택 동선

시퀀스 단계	시퀀스 2	시퀀스 3	시퀀스 4	시퀀스 5
단계별 요점	용왕의 발병	토끼간을 구하는 적임자로 별주부가 선출	토끼화상입수	상좌다툼
도입 위치	용궁	용궁	용궁	신천지공원
미션 내용	제3 미션:①비토섬 별주부전 퀴즈를 통과하시오. ②자신의 사상의학상 체질을 알아내시오	제4 미션:①물고기이름 퀴즈를 통과하시오 ②토끼화상 퍼즐맞추기를 통과하시오	제5 미션:토끼간을 구하려면 신천지공원을 찾아 상좌다툼, 제례의식코너의 미션을 완수하시오	제5 미션:토끼간을 구하려면 신천지공원을 찾아 상좌다툼, 제례의식코너의 미션을 완수하시오
도입 프로그램 및 연출	• 비토섬별주부전 설화 스토리 이해하기 • 비토섬 별주부전 설화 퀴즈 • 인체탐험전-자신의 체질 알기	• 아쿠아리움 관람 • 물고기이름퀴즈	• 토끼화상 퍼즐맞추기 • 토끼밑그림 색칠하기	• 물고기모양의 종이모자 만들기 • 풍선으로 동물모양 만들기(풍선아트) • 동물조각공원 관람 • 조각공원 포토존
도입시설	용궁 건물 • 안내데스크 • 미션퀴즈컴 • 디오라마관 • 인체탐험관	용궁 건물 • 아쿠아리움	용궁 건물 • 퍼즐아트관 • 제3 포토룸 • 애니관 • 기념품숍	• 동물조각공원
운송 수단	도보	도보	도보 혹은 무빙워크	도보
동선	용궁 안(안내데스크->미션퀴즈컴->디오라마관->인체탐험관	용궁 내 안내데스크->아쿠아리움->(애니관)	용궁 내 안내데스크->퍼즐아트관->(애니관)->제3 포토룸->기념품숍->용궁에서 신천지공원으로 이동	신천지공원(조각공원->노천사당)

시퀀스 단계	시퀀스 6	시퀀스 7	시퀀스 8
단계별 요점	신령전 제사	토끼를 찾아 헤매는 별주부	토끼에게 용궁 가자고 꾀는 별주부
도입 위치	신천지공원	미로공원	토끼마을

미션 내용	• 제6 미션 : 토끼를 만나려면 미로공원의 출구를 찾으시오.	• 제6 미션 : 미로공원의 출구를 찾으시오.	• 제7 미션 : 토끼 퀴즈를 통과하시오. • 제8 미션 : 용궁길을 찾으시오
도입 프로그램 및 연출	• 차례상차림배우기 • 음식만들기 • 생활예절 배우기 • 포토룸촬영하기	• 미로출구찾기 • 포토존 사진 촬영 • 미로나이트레이저쇼	• 토끼 견학 • 토끼 생태 학습 • 토끼생태 퀴즈 맞추기 • 포토룸 사진 촬영 • 용궁길 찾기
도입시설	• 노천 사당 • 제4 포토룸	• 미로공원 • 미로 내 간이 휴게 시설 (의자 등) • 레이저 쇼 장비 시스템	• 토끼집 • 토끼우리 • 퀴즈 문답실 • 제5 포토룸 • 제7 미션 안내판
운송 수단	도보	도보	도보
동선	신천지공원(노천마당->미로공원입구)	미로공원->토끼마을입구	토끼마을입구->토끼집->토끼우리->퀴즈문답실->제5 포토룸->용궁길 테마산책로
시퀀스 단계	시퀀스 9	시퀀스 10	시퀀스 11,12,13,14
단계별 요점	토끼와 용궁으로 가는 별주부	목숨이 위태로운 토끼의 잔꾀-토끼간을 찾으러 육지로!	월등도, 토끼섬, 거북섬, 목섬이 된 사연
도입 위치	수변데크 2	전시관	하늘연못
미션 내용	제9 미션 : 해변산책로2에서 바다 위 조형물을 배경으로 기념사진을 찍어 전시관으로 오시오.	제10 미션 : 토끼간을 숨겨둔 하늘공원을 찾으시오	제12 미션 : 미션성공을 축하하오.안내소에서 포토북이라는 기념품을 받아 가시오.
도입 프로그램 및 연출	• 포토룸 사진 촬영 • 포토존 촬영	• 별주부전 문학관에서 다양한 별주부전 알아보기 • 판소리 체험 고실에서 판소리 학습	• 포토존 • 포토룸 사진 촬영
도입시설	• 수변데크2 • 제6 포토룸 • 토끼와 별주부 조형물	전시관 • 별주부전 문학관 • 안내데스크 • 미션퀴즈컴 부스 • 판소리 교실	• 제8 포토룸 • 연못에 떠 있는 미니어처 섬들 • 연못 주위 스토리 안내판
운송 수단	도보	도보+에스컬레이터	도보
동선	수변데크2->해변산책로2->바다 조형물 포토존->전시관	• 전시관 -> 에스컬레이터->휴게데크->전망대->하늘공원·공연장(선택 동선)	• 하늘연못->입구 안내소 · 하늘연못 -> 눈썰매장->토끼놀이동산(선택동선)

2. 조감도와 배치도

<그림 III-58> 제2 개별기획안 조감도

<그림 III-59> 제2 개별기획안 배치도

3. 도입시설

2안의 도입시설은 1안의 도입 시설에 스토리 전개에 따라 용궁, 공연장, 전시관, 전망대, 바다 조형물, 토끼 열차 모노레일 등이 추가되고, 관람객의 편의를 제공하기 위해 1안의 도입 시설 외에 기념품숍2, 레스토랑 등이 추가된다. 다음과 같이 표로 정리해 볼 수 있다.

<표 Ⅲ-6> 도입시설

성격에 따른 분류 \ 안의 종류	1안	2안
스토리 전개에 따른 도입 시설	• 포토룸 • 토끼놀이동산 • 해변산책로1·2 • 수변데크1·2 • 신천지공원 • 미로공원 • 토끼마을 • 하늘공원 • 하늘연못 • 디오라마관	• 토끼놀이동산 • 해변산책로1·2 • 수변데크1·2 • 신천지공원 • 미로공원 • 토끼마을 • 하늘공원 • 하늘연못 *2안 추가 시설* • 포토룸(포토룸의 면적과 포토부스의 갯수가 추가됨) • 토끼열차 모노레일 • 용궁 • 공연장 • 전시관 • 전망대 • 바다 조형물
관람객의 편의를 제공하는 시설	• 주차장 • 매표소 • 안내소 • 기념품숍1 • 꽃길 • 휴게실	• 주차장 • 매표소 • 안내소 • 기념품숍1 • 꽃길 • 휴게실 *2안 추가 시설* • 기념품숍2 • 레스토랑

4. 전체 동선

관람객의 동선은 비토섬 별주부전의 내용을 자연스레 이해하고 체험하며 미션을 수행하게끔 14개로 나눈 시퀀스를 중심으로 동선이 설정되는 것은 1안과 동일하다.

<표 Ⅲ-7> 전체동선(2안)

1	주차장에 내린 관람객은 매표소에서 입장권을 구입한 뒤 테마파크에 입장한다.
2	안내소에서 간단한 안내를 받은 후 포토룸에서 사진을 촬영한다.
3	토끼열차를 타고 꽃길을 지나 토끼놀이동산에 도착한다.
4	거기서 신나게 놀다가 토끼열차를 타고 용궁정류장으로 향한다.
5	용궁정류장에서 도보 혹은 무빙워크로 용궁으로 입궁한다.
6	용궁에서 체험을 마치면 도보 혹은 무빙워크로 육상으로 올라온다.
7	맨 먼저 당도하는 곳이 신천지공원이다.
8	신천지공원에서 솜씨자랑, 차례의식 등을 체험한다.
9	공원과 가까이 조성된 미로공원에서 출구를 찾는다
10	미로공원을 빠져나오면 토끼가 뛰노는 토끼마을에 도착한다.
11	바다로 향하는 테마숲길을 경유하여 수변데크2에서 기념사진을 촬영한다.
12	그리고 해변산책로를 따라 전시관으로 향한다.
13	전시관에서 에스컬레이터를 타고 휴게 데크를 지나 전망대에 도착한다.
14	전망대에서 좀 더 올라가면 하늘공원에 도착한다.
15	토끼간 찾기 미션을 끝내고 하늘연못으로 향한다.
16	하늘연못에서 하산하면 입구 안내소이다.

■ 목적동선

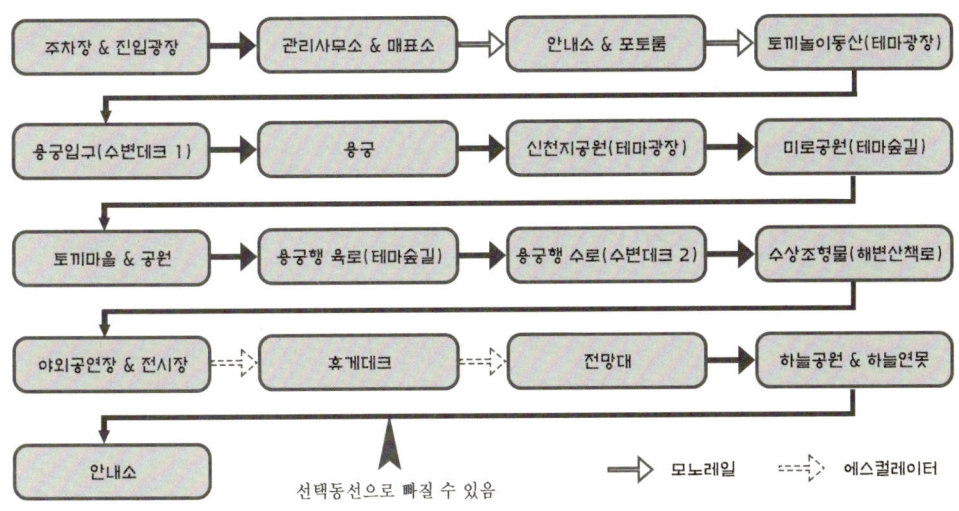

<그림 Ⅲ-60> 제2 개별기획안 목적동선

미션을 수행하기 위해 의도된 동선이 아니라 관람객의 선택 동선으로 공연장이 있고, 하늘연못에서 토끼놀이동산을 더 즐기고자 할 때에는 안내소로 바로 내려오지 않고 썰매장을 통해 토끼놀이동산으로의 이동도 가능하다.

■ 선택동선

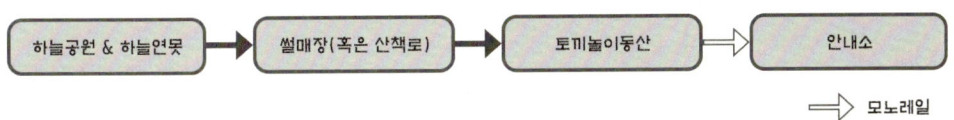

<그림 Ⅲ-61> 제2 개별기획안 선택동선

5. 스토리텔링을 통한 세부 동선과 프로그램

제1 안의 스토리텔링은 개별기획 1안과 2안이 공통되는 부분은 생략하고 2안에 추가되는 시설을 중심으로 전개하고자 한다.

(1) 안내소

1) 토끼열차

> "설레는 마음으로 토끼열차를 타고,
> 도열한 거대 석상에 감탄이 절로 나오고"
> 설레임 + 감탄

제1 포토룸에서의 촬영을 끝내고 나오면 토끼 모양의 토끼열차가 대기하고 있다. 기적을 울릴 때마다 토끼 귀가 발딱 서고, 경쾌한 음악이 흐르며 관람객들의 시선을 유도한다.

호기심 가득한 설레임으로 관람객이 토끼 열차에 탑승하면 천천히 달리는 토끼열차 주변에 장관을 이루는 꽃길이 조성되어 있고, 별주부전에 나오는 거대한 조각상(모양과 크기에 있어 대단히 압도적일 것)이 도열해 있다.

그것들을 구경하면서 감탄을 자아내다 보면 어느덧 토끼열차는 시퀀스 1의 토끼가 돌아다녔던 토끼놀이동산(토끼 집은 아님)에 도착한다.

토끼열차는 왕복 탑승기구로서 안내소에서 출발하여 토끼놀이동산에 정차했다가 해변모노레일을 따라 용궁 입구에 정차한다. 토끼열차는 왔던 방향을 역행하면서 토끼놀이동산을 경유하여 안내소로 다시 돌아온다.

<그림 III-62> 진입 전시공간 & 토끼놀이동산

2) 안내소에서의 1안과 2안의 차이점

<표 III-8> 안내소-1안과 2안의 차이점

안의 종류 차이 항목	1안	2안
시퀀스 단계	프롤로그	좌 동
단계별 요점	별주부가 된 관람객	좌 동
도입 위치	입구 안내소	좌 동
미션 내용	제1 미션:토끼놀이동산의 재미있는 놀이를 휴대폰으로 찍어 오시오	제1 미션 : 토끼열차를 타고 토끼놀이동산으로 가서 재미있는 놀이를 휴대폰으로 찍어 오시오
도입 프로그램 및 연출	• 별주부로의 변신 • 용왕의 제1 미션 접수 • 제1 포토룸에서의 사진찍기 • 육상세계의 꽃길 즐기기	• 별주부로의 변신 • 용왕의 제1 미션 접수 • 제1 포토룸에서의 사진찍기 • 육상세계의 꽃길 즐기기 • 토끼 열차 타기
도입시설	• 안내소 • 제1 포토룸 • 기념품숍 • 꽃길	• 안내소 • 제1 포토룸 • 기념품숍 • 꽃길 • 모노레일(토끼열차)
운송 수단	• 안내소에서 토끼놀이동산으로 도보 이동	• 모노레일을 미끄러지는 토끼 열차를 타고 이동
동선	• 입구 안내소->꽃길	좌동

(2) 토끼놀이동산

> "토끼 놀터에서 우리도 씽씽"
> 동선 안내 역할 + 놀이기구 체험

1) 토끼열차 정류장

토끼열차가 토끼놀이동산에 도착하면 관람객들이 하차한다. 놀이동산 입구에 안내소 겸 디오라마관이 보인다.

2) 라이드 동산

토끼부부가 뛰어 놀았음직한 놀이기구 동산이 설정되어 있다. 닌자거북이, 비토(하늘을 나는 토끼), 청룡열차, 범퍼카 등이 설치되어 토끼 부부가 즐겁게 뛰어 논 평화로운 일상을 재현, 체험해 본다.

<그림 III-63> 닌자거북이

<그림 III-64> 비토(하늘나는 토끼)

<그림 III-65> 청룡열차

3) 인디시어터

분수대가 있는 인디시어터에는 소규모 기획 공연이나 마술 공연, 인디 밴드 공연, 관람객들의 노래자랑, 댄스경연대회 등 인디이벤트 위주의 공연이 진행된다.

<그림 III-66> 야외 인디시어터

(3) 용궁 입구

> "거북이를 타고 용궁으로 간다"
> 흥미로운 이동수단 + 설레임

1) 지상 용궁의 경우

　용궁으로 가는 길은 여느 길과 다르다. 정류장에서 용궁관까지 무빙워크가 설치되어 있고, 평평한 무빙워크가 아니라 거북모양의 탈 것이 부착되어 있으며 관광객은 그 위에 몸을 싣고 마치 토끼가 거북등을 타고 용궁으로 들어가는 것처럼 이동한다. 무빙워크의 좌우 벽은 선박에 달려 있음직한 원형창이 군데군데 있고, 물고기 몇 마리가 들어 있으며 무빙워크가 용궁으로 다가갈수록 원형창의 수위가 점점 높아져, 마치 수중 속으로 들어가는 분위기를 자아낸다.
　무빙워크는 직선운동으로만 그치지 않고, 나중에 용궁에서 육지로 나오는 경우에도 관광객을 실어나를 수 있도록 용궁을 빙 둘러 설치된다. 물론, 육지에서 용궁에 도착한 관광객이 내릴 수 있도록 적당한 시점에 멈추었다가 관광객이 모두 내리고 타면 다시 무빙워크는 작동한다.
　효과 : 육지에서 용궁으로 난 바닷길을 거북등을 타고 이동함으로써 설화에 나오는 장면을 실제 재연해보는 재미와 판타지적 경험을 맛볼 수 있으며, 신비한 용궁으로 가는 관광객들의 설렘을 한껏 유도할 수 있다.

2) 지하 용궁의 경우

　토끼열차를 탄 관람객은 정거장에 내려 용궁을 향한 지하용궁터널을 도보로 걸어간다. 좌우 벽면은 무빙워크길처럼 수위가 점점 깊어지는 효과를 낸다. 신비로운 음악이 터널 내에 가득하고 수면에 안개가 자욱하며 희미하게 용궁 입구가 보인다.

⑤ 토끼놀이동산 & 용궁입구에서의 1안과 2안의 차이점

<표 Ⅲ-9> 토끼놀이동산 & 용궁입구-1안과 2안의 차이점

안의 종류차이 항목	1안		2안
시퀀스 단계	시퀀스 1	시퀀스 2	시퀀스 1
단계별 요점	토끼 부부의 육상에서의 평화로운 삶	용왕의 발병	토끼 부부의 육상에서의 평화로운 삶
도입 위치	토끼놀이동산	수변데크1	토끼놀이동산
미션 내용	제2 미션 : 용궁입구를 찾으시오	제3 미션: 용궁앞뜰(갯벌)에서 굴,조개 등을 캐오시오	제2 미션 : 용궁으로 오시오
도입 프로그램 및 연출	• 시퀀스 1 스토리 파악-디오라마관 • 친환경놀이터 즐기기 • 미니스포츠게임하기 • 썰매타기 • 제2 포토룸에서 사진 찍기	• 용궁입구찾기 • 제3 포토룸에서 사진찍기 • 포토존	• 시퀀스 1 스토리 파악-디오라마관 • 친환경놀이터 즐기기 • 미니스포츠게임하기 • 썰매타기 • 제2 포토룸에서 사진찍기 • 라이더 동산 즐기기 • 인디시어터 참관
도입시설	• 제1 디오라마관 • 미니어처맵 • 그린놀이터 • 미니스포츠 게임장 • 썰매장 • 제2 포토룸	• 해변산책로 • 수변데크 • 제3 포토룸 • 용궁입구 구조물 • 제2디오라마관	• 제1 디오라마관 • 미니어처맵 • 그린놀이터 • 미니스포츠 게임장 • 썰매장 • 제2 포토룸 • 라이더 동산 • 인디시어터
운송 수단	• 도보 이동	• 도보 이동	• 토끼 열차 타고 용궁정류장으로이동(도보이동도 가능) • 용궁정류장에서 용궁입구까지 무빙워크/도보 이동
동선	토끼놀이동산->해변산책로->수변데크1(용궁 입구)	수변데크1	토끼놀이동산->해변모노레일->용궁정류장->용궁입구·1안은 선택 동선

(4) 용궁

1) 용궁 외경 디자인

> "아, 저것이 용궁이구나!"
> 미감 + 신비감 + 호기심

① 지상 용궁의 경우

　용궁관의 외양은 자료사진처럼 현대적 건축미를 살려 미래지향적인 콘셉트의 디자인도 좋고, 고전미를 살린 바다 위의 화려한 궁전으로 물고기 모양의 현판에 한자로 수궁이라 적혀 있거나(이 콘셉트는 용궁 외양에 사용하지 않으면 항목 2의 무빙워크에서 내린 후 용궁 입구를 그렇게 꾸며도 되고) 거북등 모양을 한 상징적인 디자인도 좋다.

<그림 Ⅲ-67> 용궁체험관 1- 투시도

② 지하 용궁의 경우

　용궁은 자연의 일부로 존재하는 듯 용궁의 지붕만 지상에 유려하게 돌출되고 전신은

지하에 묻혀 있다. 용궁은 자연과의 조화를 중요시하여 결코 넘치지 않는 절제미와 지하에 묻혀 있는 신비감을 건축에서 한껏 느끼게 한다.

<그림 Ⅲ-68> 용궁체험관 2- 투시도

2) 용궁 입궁

"드디어 용궁이닷"
미감 + 신비감

정지한 무빙워크에서 내린 관광객들은(혹은 도보로 걸어 온) 드라이아이스가 정강이쯤 차 있는 환상적인 초입에 도착한다. 용궁 입구에는 상어 모양의 모자를 쓴 수문장이 양쪽에 서 있고(동상이어도 상관없음) 초입에 이르는 양 옆을 다양한 수중식물 등으로 꾸미고 웅장하고 화려한 용궁 입구를 보고 미적, 신비적 감탄을 자아내게 한다.

이때 음악은 웅장하게 진행되며 용궁의 색다른 분위기에 심취한 관람객들을 시각과 청각에 호소하여 분위기를 한껏 고조시킨다.

3) 용궁 평면도

　용궁 체험관의 주요 공간으로는 안내데스크, 미션퀴즈컴부스, 디오라마관, 인체탐험관, 아쿠아리움, 퍼즐아트관, 제3포토룸, 애니관, 기념품숍 등이 위치한다.

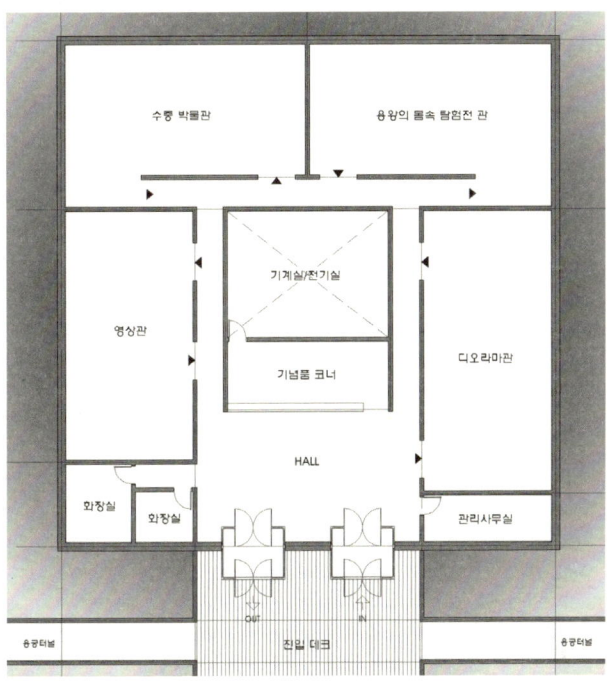

<그림 III-69> 용궁 평면도

4) 용궁 내 안내데스크 & 미션퀴즈룸

① 안내데스크

　용궁에 들어온 관람객은 제2 미션을 완수했으므로 안내원으로부터 미션 확인 스티커를 받는다. 이때 안내원이 관람객의 전자팔찌를 단말기에 인식시키면 제2 미션까지 통과되었음이 전산입력된다. 그리고 용왕의 제3미션을 전달받을 수 있는 컴퓨터 부스로 안내한다.
　용궁 안에는 디오라마관, 몸속탐험실, 아쿠아리움, 퍼즐아트관, 애니관 등이 있는데,

애니관은 상영 시간이 일정하게 정해져 있으므로, 그 시간에 맞게 언제라도 관람하면 된다(안내원 고지). 다른 관들은 미션의 순서에 맞게 1, 2, 3, 4관의 순서로 순차적 진행을 하게끔 기획되어 있다.

애니관 관람 시 상영 시간이 맞지 않아 기다리는 동안 기념품숍에서 쇼핑을 즐기거나 다른 미션을 수행할 수 있다. 애니관의 관람이 끝나면 상영관을 나올 때 스티커 받는 것도 안내원이 미리 고지한다.

② 미션퀴즈컴

미션퀴즈컴 부스는 미션을 열람하거나 1관, 2관, 3관, 4관 등을 돌며 미션 체험 후 과제를 점검받는 곳이다.

○ 이용 방법

용궁 중앙에 있는 기념품숍 외벽면에 10여대의 컴퓨터가 각 부스에 설치되어 있고 컴퓨터부스의 단말기에 전자팔찌를 인식시키면 <미션 열람 / 퀴즈 풀기> 화면이 뜨고 <미션 열람>을 클릭하면 <제3 미션 / 제4 미션>의 하위 카테고리 화면이 뜬다.

관람객이 '제3 미션'을 클릭하면 컴퓨터 화면에 용왕이 나타나 제3 미션의 내용을 알려준다. 용왕의 목소리는 헤드폰을 착용해야만 들리게 되어 있다. 스피커로 미션이 전달되면 주위에 공개되어 미션의 은밀함이 반감한다.

용왕 옆에 신하 문어가 조그만 화면에 나타나 수화로 용왕의 미션을 알려준다. 청각장애인을 위한 배려이다. 청각 장애가 있는 경우, 미션 내용이 화면에 글자로 뜨게 할 수도 있다. 입구 안내소에서 안내 설명을 들으며 인적사항을 기록할 때 장애유무를 체크하여 장애인의 경우 시청각 가능한 전자팔찌를 따로 부여 받는 방법도 있다.

제2 미션만 통과한 관람객의 경우 제3 미션 내용 열람 외 다른 항목을 클릭하여도(퀴즈 풀기나 제4 미션을 눌러도) 작동되지 않는다.

> **미션 3**
> - 제1디오라마관을 감상하고 비토섬 별주부전 퀴즈를 준비하시오.
> - 2관 몸속 탐험전에서 자신의 사상의학상 체질을 알아내고 미션수행 체크카드에 적으시오.

5) 1관 디오라마관

> "비토섬의 스토리를 한 눈에"
> 설화 소개 + 문학의 시각화

　용궁 내 1관은 별주부전의 스토리를 디오라마(배경 위에 모형을 설치하여 하나의 장면을 만든 것)로 꾸며 전체 스토리의 내용을 생생한 장면으로 선보인다.

　관광객들로 하여금 이야기 전체를 조감하여 앞으로 펼쳐질 코너의 랜드마크 역할을 하게 한다.

　디오라마는 모두 13개 모형을 전시하는데 구성 내용은 1안과 동일하다.

　디오라마관에서 별주부전 스토리를 모두 이해한 관람객은 제3 미션을 수행하기 위해 미션퀴즈컴 부스로 향한다.

○ 미션 과제 개요

　제1 관인 디오라마관에서 스토리를 전체적으로 이해했다면, 미션퀴즈컴에서 퀴즈를 푼다. 모두 객관식이며 세 문제 출제되고 두 문제 이상 맞히면 합격이다.

○ 퀴즈 내용 예

퀴즈) 비토섬에서 전해져 오는 별주부전 설화에서, 별주부가 육지에 간을 두고 왔다던 토끼를 태우고 바다를 헤엄쳐 갑니다. 그 직후에 일어난 일인 것은?
㉠ 육지에 도착하자마자 토끼는 별주부에게 "천하에 간을 빼놓고 다니는 짐승이 어딨냐?"고 놀리면서 줄행랑친다.
㉡ 아내 토끼를 만나 그간 고생한 얘기를 하며 두 번 다시 가출하지 않겠다고 다짐한다.
㉢ 달밤에 월등도에 비친 바다 위의 그림자를 보고 토끼가 착각하여 별주부의 등에서 폴짝 뛰어 내린다.
㉣ 육지에 도착한 토끼가 별주부에게 사실을 얘기하면서 사정을 봐 달라고 애걸복걸한다.

퀴즈에 합격하면 제2 관인 '인체탐험관'으로 이동한다.

6) 2관 인체탐험관 (디오라마 2 콘셉트 룸)

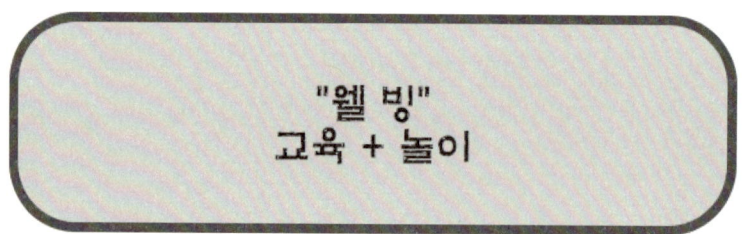

① 2-1실. '용왕의 몸속 탐험전'(용왕님은 어디가 아파 토끼간이 필요했을까?), 혹은 '수중생물의 몸속 탐험전' 등

사람의 몸속을 탐험하며, 걷거나 때로는 탈 것을 이용해 이동하며, 몸속에 대해 호기심을 자극하고 신비감을 유발할 수 있는, 놀이와 교육이 공존하는 장이다.
한 걸음 더 나아가 수중생물의 몸속도 탐험케 하는 이색적 특징을 살려 어린이뿐만 아니라 성인도 함께 참여할 수 있는 장으로 확대한다.

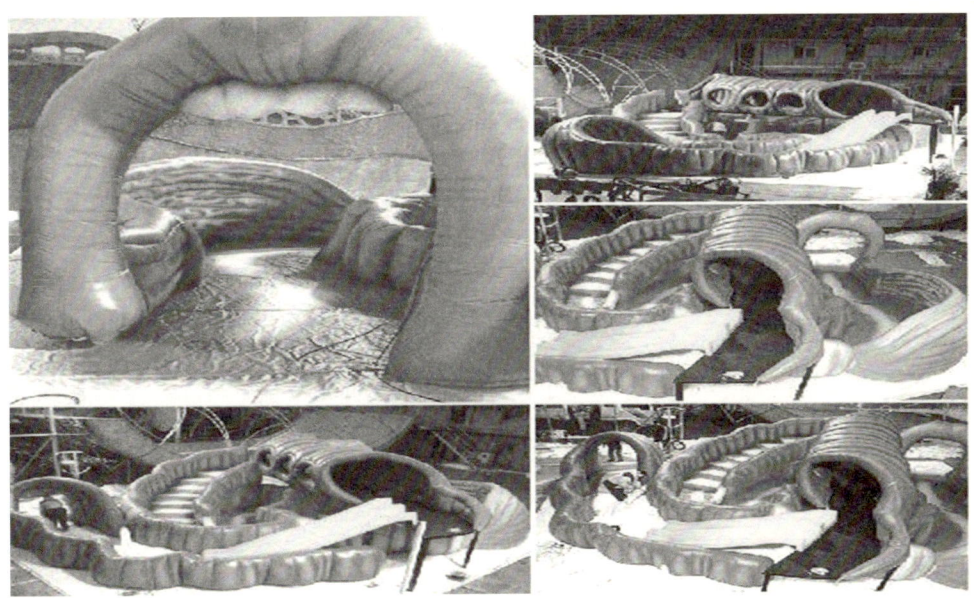

<그림 III-70> 인체탐험전- 장기미로

② 2-2실. 한의학 부스

코너 1 : 선의도사의 한의학 교실

선의도사(별주부전에 등장하여 아픈 용왕을 진단하는, 하얀 수염을 길게 늘인 도사)가 인체관 한 부스에서 뼈나 인체 모형을 이용해 인체에 대해 설명한다.
아이들의 궁금증을 이해하기 쉽게 애니메이션이나 컴퓨터 그래픽을 활용한 영상으로 소화 과정 등을 알려주기도 한다.

코너 2 : 내 몸을 태양, 태음, 소양, 소음인으로 분류해 보기

또 다른 선의도사들이 도우미가 되어 관람객을 컴퓨터의료측정기로 검사하거나 설문지 작성을 종합하여, 체질을 알려준다.
선의도사들은 해당 체질의 특성을 관람객에게 설명하고 프린트된 설명서를 제공한다.

관람객은 자기의 체질을 카드에 적고, 자기 체질의 특성을 이해한 뒤 코너3으로 이동한다.

코너3 : 내 몸에 맞는 웰빙 음식 요리해 보기

웰빙음식조리 코너에는 8가지 정도의 요리 체험 프로그램이 마련되어 있다. 4가지 체질에 각각 맞는 음식이며 사천 특산물인 굴, 바지락 등의 어물과 산나물, 각종 한약재, 다래, 녹차, 단감 등을 재료로 하는 보양식 요리 체험을 해 보며 맛을 본다(예 : 나물 무침 요리, 녹차파전 굽기, 해물파전 굽기 등).

웰빙음식 요리 체험 이후 특산물 판매 코너로 이동 시 웰빙음식 재료를 구매하도록 유도한다.

코너 1에서 소화과정을 배웠고, 코너 2에서 사상의학에 의한 체질을 분류하여, 코너 3에서 각 체질에 맞는 음식을 만들어 시식해 봄으로써 음식물이 내 몸에서 어떤 과정을 거쳐 건강을 유지하게 하는지 찬찬히 살펴보는 계기가 되어 건강한 생명활동과 음식물의 상관관계를 몸소 체험해볼 수 있게 한다.

코너 1, 2, 3을 다 거치면 관람객은 안내데스크로 가서 안내원에게 제3 미션의 확인 스티커를 받는다. 이때 전자팔찌를 단말기에 인식시켜 전산 상으로 제3 미션 패스를 처리한다.

관람객은 미션퀴즈컴에 가서 제4 미션을 확인한다.

> **미션 4**
> - 제3관 수중박물관에서 물고기를 감상하고 물고기 이름 맞히기퀴즈를 풀어야 하오.
> - 제4관 퍼즐 아트룸에서 토끼화상 퍼즐맞추기에 성공하여 스티커를 받으시오.

7) 3관 아쿠아리움(디오라마 3 콘셉트룸)

> "수중박물관"
> 교육, 볼거리, 놀이

① 사파리 아쿠아리움

　별주부전에 등장하는 수중생물들(각 벼슬에 맞는 모자와 복장을 한 만조백관들)을 의인화한 동상, 모형 등을 배치하고, 4면과 바닥, 천장(특이성을 살리길)을 수족관으로 꾸미며 입체적 전시가 가능한 수중생물도감으로 손색없도록 한다. 수족관의 통로는 터널 형식이며 물속에 와 있는 듯한 착각을 불러일으키게 유도한다.

　천장과 바닥까지 수족관인 이 곳은 마치 자동차를 타고 즐기는 사파리여행처럼 수족관과 관광객이 피아의 구분이 되지 않는 자연과의 일체를 느끼는 감동까지 자아낼 것이며, 수족관에 들어 있는 해양생물의 이름과 간단한 특징을 어종 안내 모니터를 통해 안내하고, 룸의 가운데 설치된 컴퓨터로는 수중 생물의 이름 맞히기 놀이(수중생물이 화면에 뜨면 그 이름을 맞히고 점수화하는 놀이)를 할 수 있게 한다. 물론 수중생물의 이름을 검색할 수 있는 생물도감프로그램도 깔려 있다.

<그림 Ⅲ-71> 터널형 아쿠아리움

<그림 Ⅲ-72> 아쿠아리움-어종 안내 모니터

○ 희귀한 로봇물고기 수족관

또한 세계적으로도 희귀한, 로봇물고기 수족관을 만들어 기존 아쿠아리움에서 볼 수 없었던 진화된 모델을 제시하여 사천테마파크의 또 하나의 명물로 자리매김할 수 있도록 한다.

<그림 Ⅲ-73> 로봇물고기

② 스킨스쿠버 다이빙실(높이 3미터 정도면 가능)

○ 아쿠아쇼

아쿠아쇼 요원의 화려한 쇼가 펼쳐진다. 스킨스쿠버복을 입기 보다는 거북모양, 문어 모양 등의 코스튬을 입고 펼치는 이색적인 아쿠아쇼를 연출하여 관람객들에게 볼거리를 제공한다.

<그림 Ⅲ-74> 환상적인 아쿠아쇼

○ 사파리 스킨스쿠버

관람객이 장비를 장착하고 물 속에 들어가 사파리 아쿠아를 직접 체험해 본다. 스킨스쿠버도 체험하고 수중의 비경을 직접 눈으로 확인하는 일석이조의 투어이다. 관람객이 스킨스쿠버를 즐기는 모습을 촬영하여 특이한 체험을 기념 사진으로 오래 간직할 수도 있다.

미션 4의 첫번째 내용은 아쿠아리움에서 물고기의 이름을 맞추는 퀴즈이다.
제3 미션의 퀴즈와 동일하게 4지 선다형이고 세 문제 중 두 문제를 맞추면 합격이다.
제4 미션의 첫 번째 퀴즈를 통과하면 4관 퍼즐아트관으로 이동한다.

테마파크 스토리텔링 기획의 실제

8) 4관 퍼즐아트관(디오라마 4 콘셉트룸)

> "토끼란 놈이 어떻게 생겼는고"
> 교육, 볼거리, 놀이

4관에 들어서면 토끼 화상을 별주부에게 보여주는 화공의 조형물이 보인다. 4관은 시퀀스의 내용에 맞게 토끼 화상을 만들어내는 놀이 체험이 주요 콘셉트이다.

① 퍼즐 맞추기

② 토끼 밑그림 색칠하기

③ 안내데스크로 이동

안내데스크의 안내원은 제4미션까지 통과한 것을 확인한 후, 인증 절차를 거치면, 제3 포토룸으로 안내한다.

9) 제3 포토룸

촬영을 끝내면 제5 미션이 전해진다.

> **미션 5**
>
> - 주부여 속히 욕지로 떠나시오. 토끼간을 구하려면 먼저 신천지 공원을 찾아 두 가지 과제를 완수해야 하오.

10) 제5관(애니관)

> "판타지의 세계를 애니로 확인하자!"
> 교육(교훈) + 재미(상상력의 확대)

○ 애니관 : 별주부전의 설화를 애니메이션으로 감상할 수 있는 상영관이다.
○ 형식면 : 별주부전의 설화를 드라마틱하고 해학적으로 표현하기 위해서는 애니메이션 장르가 참으로 유용하며, 가족 모두가 즐길 수 있는 최적의 감상물이다.
○ 내용면 : 별주부전이 전하는, 거북의 충성심, 토끼의 슬기로움 혹은 일확천금에 대한 비판, 아내 토끼의 남편에 대한 사랑 등 그 주제가 교훈적인 내용으로 가득 차 있어 교육적 가치도 높다.
○ 러닝타임 : 20분 내외
○ 상영방법 : 20분 상영하고 30분 휴식한다.

11) 6관 기념품숍 1

> "손이 가요, 손이 가.."
> 흥미 + 실용

관람객들의 지친 다리를 쉬게 하는 안락한 휴게실과 테마파크의 콘셉트와 관광객의 소구와 들어맞는 기념품숍을 둔다. 구체 내용은 1안과 동일하다.

12) 이동

미션을 확인한 관람객은 육지로 향한다. 용궁에 들어올 때와 같은 방법으로 용궁을 나간다. 거북의자로 된 무빙워크를 타거나 혹은 도보로 신천지공원으로 향한다.

13) 용궁에서의 1안과 2안의 차이점

<표 Ⅲ-10> 용궁-1안과 2안의 차이점

안의 종류 차이 항목	1안	2안		
시퀀스 단계	시퀀스 3	시퀀스 2	시퀀스 3	시퀀스 4
단계별 요점	토끼간을 구하는 적임자로 별주부가 선출	용왕의 발병	토끼간을 구하는 적임자로 별주부가 선출	토끼화상입수
도입 위치	갯벌	용궁	용궁	용궁
미션 내용	제4 미션:토끼간을 구하려면 먼저 신천지 공원을 찾으시오	제3 미션:①비토섬 별주부전 퀴즈를 통과하시오.②자신의 사상의학상 체질을 알아내시오	제4 미션:①물고기 이름 퀴즈를 통과하시오②토끼화상 퍼즐맞추기를 통과하시오	제5 미션:토끼간을 구하려면 신천지공원을 찾아 상좌다툼, 제례의식 코너의 미션을 완수하시오
도입 프로그램 및 연출	·갯벌 체험(굴, 조개, 고동 캐기)	·비토섬별주부전 설화 스토리 이해하기 ·비토섬 별주부전 설화 퀴즈 ·인체탐험전-자신의 체질 알기	·아쿠아리움 관람 ·물고기이름퀴즈	·토끼화상 퍼즐맞추기 ·토끼밑그림 색칠하기
도입시설	·수변데크1의 용궁게이트 ·제3 포토룸	용궁 건물 ·안내데스크 ·미션퀴즈컴 ·디오라마관 ·인체탐험관	용궁 건물 ·아쿠아리움	용궁 건물 ·퍼즐아트관 ·제3 포토룸 ·애니관 ·기념품숍
운송 수단	도보	도보	도보	도보 혹은 무빙워크
동선	용궁게이트->용궁 앞뜰(갯벌)	용궁 안(안내데스크->미션퀴즈컴->디오라마관->인체탐험관	용궁 내 안내데스크->아쿠아리움->(애니관)	용궁 내 안내데스크->퍼즐아트관->(애니관)->제3 포토룸->기념품숍->용궁에서 신천지공원으로 이동

(5) 신천지공원

1) 신천지공원에서의 1안과 2안의 차이점

<표 III-11> 신천지공원-1안과 2안의 차이점

안의 종류 차이 항목	1안	2안	
시퀀스 단계	시퀀스 4,5,6	시퀀스 5	시퀀스 6
단계별 요점	토끼화상입수, 상좌다툼, 신령전 제사	상좌다툼	신령전 제사
도입 위치	신천지공원	신천지공원	신천지공원
미션 내용	• 제5 미션 : 토끼를 만나려면 토끼화상코너, 상좌다툼코너, 제례의식코너의 과제를 완수하시오	• 제5 미션:토끼간을 구하려면 신천지공원을 찾아 상좌다툼, 제례의식코너의 미션을 완수하시오	• 제6 미션 : 토끼를 만나려면 미로공원의 출구를 찾으시오..
도입 프로그램 및 연출	• 토끼퍼즐맞추기 • 토끼밑그림색칠하기 • 물고기모양의 종이모자 만들기 • 풍선으로 동물모양 만들기(풍선아트) • 차례상차림배우기 • 음식만들기 • 생활예절 배우기 • 포토룸촬영하기	• 물고기모양의 종이모자 만들기 • 풍선으로 동물모양 만들기(풍선아트) • 동물조각공원 관람 • 포토존	• 차례상차림배우기 • 음식만들기 • 생활예절 배우기 • 포토룸촬영하기
도입시설	• 제3 디오라마관 • 제4 포토룸 • 토끼화상관 • 상좌다툼관 • 노천 사당	• 동물조각공원 • 상좌다툼관	• 제례의식관 • 제4 포토룸
운송 수단	도보	도보	도보
동선유상	P지점->신천지공원	신천지공원(조각공원->제례의식관)	신천지공원(제례의식관->미로공원입구)

(6) 미로공원

1) 미로 출구 찾기

2) 미로 나이트 레이저 쇼

일몰 후 레이저나 조명을 미로에 비추어 환상적인 장면을 연출한다. 레이저 쇼가 펼쳐지는 동안 신비한 분위기의 음악이 대형 스피커를 통해 흘러 나오고 보는 이들로 하여금 판타지의 세계에 짜릿하게 빠져들게 한다.

- 주제 : 신비롭고 환상적인 미로의 세계
- 기간 : 주말 야간
- 운영시간 : 일몰 후 폐장 전 1회
- 길이 : 10분 내외
- 시스템 : 레이저, 조명, 미러, 사운드 등

3) 미로공원에서의 1안과 2안의 차이점

<표 III-12> 미로공원-1안과 2안의 차이점

안의 종류 차이 항목	1안	2안
시퀀스 단계	시퀀스 7	좌동
단계별 요점	토끼를 찾아 헤매는 별주부	좌동
도입 위치	미로공원	좌동
미션 내용	• 제6 미션 : 미로공원의 출구를 찾으시오	• 좌동
도입 프로그램 및 연출	• 미로출구찾기 • 포토존 사진 촬영 • 포토룸 사진 촬영	• 미로출구찾기 • 포토존 사진 촬영 • 미로 나이트 레이저 쇼
도입시설	• 미로공원 • 미로 내 간이 휴게 시설(의자 등) • 제5 포토룸	• 미로공원 • 미로 내 간이 휴게 시설(의자 등) • 레이저 쇼 장비 시스템
운송 수단	• 도보	• 도보
동선	• 미로공원->토끼마을	• 미로공원->토끼마을입구

(7) 수변데크 2(용궁행 수로)

1) 해상조형물

관람객은 용왕의 미션에 따라, 해변산책로 2(조감도 상에서 N-1 지점)를 걷는다. 해안의 경치를 감상하며 여유 있게 걷다보면 월등도, 토끼섬, 거북섬, 목섬 등의 모양을 한 섬들이 조형물로 바다 위에 떠 있다.

관람객은 미션 수행을 하기 위해 휴대폰이나 디지털카메라로 기념사진을 찍는다. 굳이 미션이 아니더라도 이 지점은 포토존으로 활용되는 공간이다. 촬영이 끝나면 표지판을 보고 전시관으로 이동한다.

2) 용궁행 수로에서의 1안과 2안의 차이점

<표 III-13> 용궁행 수로-1안과 2안의 차이점

안의 종류 차이 항목	1안	2안
시퀀스 단계	시퀀스 9	좌동
단계별 요점	토끼와 용궁으로 가는 별주부	좌동
도입 위치	수변데크 2	좌동
미션 내용	• 제9 미션 : 토끼간을 숨겨 둔 하늘공원을 찾으시오	• 제9 미션 : 해변산책로2에서 바다 위 조형물을 배경으로 기념사진을 찍어 전시관으로 오시오
도입 프로그램 및 연출	• 포토룸 사진 촬영 • 포토존 촬영	• 좌동
도입시설	• 수변데크 2 • 제7 포토룸 • 토끼와 별주부 조형물	• 수변데크 2 • 제6 포토룸 • 토끼와 별주부 조형물
운송 수단	• 도보	• 좌동
동선	수변데크 2->해변산책로 2->@지점->휴게데크->하늘공원	수변데크 2->해변산책로 2->바다 조형물 포토존->전시관

(8) 전시관

1) 안내데스크

전시관에 도착하면 안내원이 바다 위 조형물 사진을 확인하고 스티커를 붙여준다. 그리고 미션퀴즈룸으로 관람객을 안내한다.

2) 미션퀴즈룸

미션 인증을 받은 관람객은 미션퀴즈룸에서 새로운 미션을 확인할 수 있는데 제10 미션은 다음과 같다.

<그림 III-75> 전시관

3) 별주부전 문학관

① 별주부전 설화는 이본이 100여 종이나 된다. 따라서 다음과 같은 전시 기획이 가능하다.
- 각 판본 혹은 판본의 모형을 전시한다.
- 판본 변화 과정을 시대별로 전시한다.
- 토끼와 거북이가 주인공으로 등장한 문학서적들을 소개하고 비치한다.

예) 이솝우화 <토끼와 거북이>, <호랑이와 토끼>, 윤동주 <간(肝)>, 장용학 <요한 시집>

② 우화소설류 코너

○ 전자책 : 별주부전 설화를 전자책으로 볼 수 있다. 모니터 위에서 손으로 넘기는 시늉을 하면 화면에 나타난 책갈피가 넘어가 다음 장을 보여주는 모니터로 된 책이다. 몇 장 넘기고 나면 잘 넘어가지 않아 '침을 묻혀 주세요'라는 문구가 뜨고 이용자는 손가락에 침을 묻혀 넘기는 시늉을 하면 다음 장으로 넘어간다. 전자책에서는 여러 판본의 별주부전 설화 중 원하는 것을 클릭하여 볼 수 있다. 화면은 글, 그림, 음성 등으로 구성되며 고전문학의 별주부전을 현대적으로 보여준다.

○ 대형 동화책 : 일반 크기의 동화책보다 훨씬 크다. 걸리버여행기의 대인국에 온 느낌이다.

<그림 III-76> 대형 동화책

4) 판소리 배우는 체험교실

○ 일일 판소리 교실

사천시는 판소리에 관한 한 유서 깊은 고장이다. 별주부전도 수궁가라는 판소리 본이 있으니 사천, 별주부, 판소리는 뗄래야 뗄 수 없는 관계이다. 판소리의 깊은 맛을 음미하기 위해 선생님의 지도를 받아 직접 배워본다.

5) 이동

하늘공원을 가기 위해서는 전시관을 나와 에스컬레이터를 탄다. 중간 지점에 휴게데크가 나오고 잠시 쉬었다가 다시 오르면 전망대이다.

<그림 Ⅲ-77> 휴게데크 & 에스컬레이트 & 전망대

6) 전시관에서의 1안과 2안의 차이점

<표 Ⅲ-14> 전시관-1안과 2안의 차이점

안의 종류 차이 항목	1안	2안
시퀀스 단계	• 1안에서는 전시관이 존재하지 않아 프로그램이 설정된 바 없음	• 시퀀스 10
단계별 요점		• 목숨이 위태로운 토끼의 잔꾀-토끼간을 찾으러 육지로!
도입 위치		• 전시관
미션 내용		• 제10 미션 : 토끼간을 숨겨 둔 하늘공원을 찾으시오
도입 프로그램 및 연출		• 별주부전 문학관에서 다양한 별주부전 알아보기 • 판소리 체험 교실에서 판소리 학습 도입시설 • 전시관 • 안내데스크 • 미션퀴즈룸 • 별주부전 문학관 • 판소리 교실
운송 수단		• 보+에스컬레이터
동선		• 전시관->에스컬레이터->휴게데크->전망대->하늘공원 · 공연장(선택 동선)

(9) 전망대

"자연을 그대 눈 안에"
볼거리 + 신기함

1) 외부 경관

전망대에 도착하면 안내원에게 미션 수행스티커를 발부받고 한숨을 돌린다. 밖을 내다보면 테마파크가 한눈에 들어온다. 눈을 들어 멀리 바라보면 탁 트인 시야에 비토섬 주변 환경이 시원하게 조감된다.

<그림 Ⅲ-78> 전망대

2) 내부 준비물

전망대에는 망원경이 있어 육안으로 보기 힘든 곳까지 편리하게 경관을 즐길 수 있고, 전망대 내부에는 주변 경관을 조감도로 제작해서 눈에 잘 띄는 곳에 부착해둔다.

3) 이동

전망대에서 하늘공원으로 도보로 이동한다.

4) 전망대에서의 1안과 2안의 차이점

<표 Ⅲ-15> 전망대-1안과 2안의 차이점

안의 종류 차이 항목	1안	2안
시퀀스 단계		• 시퀀스 10
단계별 요점		• 목숨이 위태로운 토끼의 잔꾀-토끼간을 찾으러 육지로!
도입 위치		• 전망대
미션 내용	• 1안에서는 전망대가 존재하지 않아 프로그램이 설정된 바 없음.	• 제10 미션 : 토끼간을 숨겨 둔 하늘공원을 찾으시오
도입 프로그램 및 연출		• 외부 경관 전망하기 • 비토섬 주변 지형 지물 파악하기
도입시설		• 전망대 • 망원경 시스템 • 비토섬 주변 안내도
운송 수단		• 도보
동선		• 전망대->하늘공원

(10) 야외 공연장

공연장은 탁 트인 바다에 면해 있는 야외 해변 공연장이다. 특별한 위치에 조성된 공연장은 공연장의 위치나 디자인이 개성적이어서 테마파크 명물 중 하나라고 해도 손색이 없다.

여기서 공연되는 콘텐츠는 별주부전 공연을 비롯하여 국내외 뮤지컬, 쇼 등 다양한 퍼포먼스가 진행되며 자연과 어우러지는 예술의 아취를 만끽할 수 있다.

공연장은 목적 동선표에 삽입을 하였지만, 실제 미션이 일어나지는 않으므로 선택동선처럼 테마파크를 돌다가 공연 시간에 맞춰 관람을 자유로이 하면 된다.

<그림 Ⅲ-79> 야외공연장

1) 야외공연장에서의 1안과 2안의 차이점

<표 Ⅲ-16> 야외공연장-1안과 2안의 차이점

안의 종류 차이 항목	1안	2안
시퀀스 단계	1안에서는 야외공연장이 존재하지 않아 프로그램이 설정된 바 없음.	• 설정 없음
단계별 요점		• 없음
도입 위치		• 야외 공연장
미션 내용		• 설정 미션 없음
도입 프로그램 및 연출		• 외부 경관 즐기기 • 질 높은 공연 관람
도입시설		• 공연장
운송 수단		• 도보
동선		• 선택 동선

4부

테마파크 콘텐츠 강화 및 맺음말

1장 테마파크 강화 콘텐츠 1

– 동화 『비토섬 토끼와 자라 이야기』

1. 필요성

(1) 테마파크의 필수 영양소는 '콘텐츠'

 이 책의 1부에서 테마파크의 특성을 정리한 적이 있다. 그 중에서 '종합성'이라는 항목에 주목하자. 종합성은 테마파크가 지구 상에 존재하는 예술, (과학)기술, 오락 등을 절묘하게 버무려 그의 울타리 안에 총집해놓은 것을 의미한다. 아마도 융복합의 규모로 볼 때 인류가 만든 문화콘텐츠 중 가장 거대한 장르일 것이다.
 그러므로 테마파크는 인체의 생명활동처럼 복잡다단한 화학반응과 그에 따른 생리작용을 쉼 없이 진행한다. 인체가 음식물을 섭취하면 화학반응을 일으키고 생리작용을 정교하게 펼치듯 테마파크는 각종 콘텐츠를 연소하여 그 에너지로 관람객들에게 꿈과 재미를 선사하며 공원 내부를 순환한다. 콘텐츠는 양이 부족해서도 안 되지만 종류가 단순해서도 안 된다. 한 가지 콘텐츠가 양적으로 넘쳐도 영양의 불균형이므로 다양한 콘텐츠를 모자람 없이 제공하여야 한다. 또한 콘텐츠들이 유기적으로 조직되어 테마파크가 정상적인 생명활동을 할 수 있도록 기능해야 한다. 그러기 위해서는 훌륭한 콘텐츠가 적절하게 제공되어야 한다.

(2) 콘텐츠의 종류

 테마파크에 적용되는 콘텐츠의 종류는 여러 가지가 있겠지만 대체로 다음과 같이 정리할 수 있다.

1) 영상 콘텐츠

상영관이나 전시관에서 선보일 영상 콘텐츠가 필요하다. 별주부전 테마파크의 경우에는 원작의 판타지성을 감안하여 별주부전 스토리를 담은 애니메이션 영화를 제작하여 관람객들에게 상영하고 테마파크 홈페이지 등에도 홍보용으로 활용한다.

2) 공연 콘텐츠

연극, 뮤지컬, 퍼레이드, 이벤트 등의 현장성 높은 공연을 선보인다. 별주부전 마당놀이, 별주부전 판소리, 또는 주제에 걸맞는 다양한 공연 콘텐츠들이 테마파크 내 상설 공연장이나 주말 특별이벤트로 펼쳐진다. 공연물의 경우 대본 창작, 무대 꾸미기, 공연 연습 등의 시간이 필요하므로 테마파크 기획 시 함께 기획되어야 한다.

3) 출판 콘텐츠

테마파크는 영화, TV드라마, 소설 등을 스토리원형으로 삼아 개발되는 경우가 많다. 영화, TV드라마를 소설로 옮기거나 소설 원형을 테마파크 개발 계획에 의하여 변형하게 되면 새로운 도서 가공물이 나올 수 있는데 그것이 바로 출판 콘텐츠이다.

기념품점에서 구색을 갖춘 판매용 콘텐츠이기도 하고, 전국 서점에 배본되어 테마파크를 홍보하는 수단이 되기도 한다. 무엇보다 출판 콘텐츠는 테마파크의 개발 계획에 의거하여 텍스트로 잘 정리되어 있어 비록 가공물이지만 테마파크 측면에서 볼 때 2차 스토리 원형이라 할 수 있다. 이것을 OSMU 방식으로 가공하면 다양한 콘텐츠로의 전환이 가능하다.

오늘날 전해져 내려오는 '비토섬 별주부전' 설화는 A4 용지 2~3장에 불과한 이야기로만 남아 풍성하게 이야기를 즐기는 데 한계가 있다. 이에 비토섬에 전해져 내려오는 별주부전 설화의 줄거리에 의거, 동화를 새로이 창작하여 『비토섬 토끼와 자라 이야기』로 출간하였다.[1] 기념품점에서 출판 콘텐츠로서 『비토섬 토끼와 자라 이야기』란 동화책을 판매하고, 도서를 전국적으로 유통하여 별주부전 테마파크 홍보에도 일익을 담당한다. 또한 이것을 바탕으로 애니메이션 영화 등을 제작하여 OSMU 작업을 적극적으로 추진한다.

4) 기념품 콘텐츠

테마파크 내 기념품점에서는 특정 주제를 구현하는 캐릭터, 잡화, 소도구, 장난감, 도서 등을 판매하여 감동과 재미의 여운을 길게 하고 테마파크의 방문 경험을 나중에 추억할 수도 있게 한다.

2. 개요

(1) 창작 방향[2]

『비토섬 토끼와 자라 이야기』의 원전은 비토섬에 전해져 내려오는 '별주부전 설화'와 신재효 선생이 정리한 <퇴별가>의 완판본, 그리고 <수궁가>이다. 비토섬 별주부전 설화를 기본 줄거리로 하고, 신재효 선생의 창본을 이어받은 <퇴별가>의 완판본으로 풍성하게 하였으며, <수궁가>는 일부 필요한 고유명사 등을 참조할 예정이다.

동화의 장르적 특성 상 어려운 고사성어와 낱말은 풀어쓰거나 생략하였고, 역사적 인물, 지명, 성적 묘사 등은 생략하거나 일부 변형하였다. 그러다보니 원전 특유의 풍자적이고 해학적인 성격이 깎이어 온전한 맛을 느끼기에는 아쉬움이 남는다.

<별주부전> 설화의 성격은 그 자체가 판타지적이지만 그 특성을 아동의 취향에 맞게

1. 강만진, 『비토섬 토끼와 자라 이야기』, 도서출판 경남, 2012
2. 강만진, 위의 책, 머리말 인용

변형·확장시키기도 하였다. 다시 말하면 판타지적 성격을 더욱 살려 원전에는 없는 '남해용왕과 북해용왕의 결투', '말썽쟁이 토달이', '토달이의 비밀', '토달이·토순이·별주부의 운명', '다시 월국으로' 등은 새로이 창작된 부분이다.

(2) 독자층을 위한 기획

『비토섬 토끼와 자라 이야기』는 가족들이 함께 읽는 '가족동화' 장르로 진지하게 모색해보았지만 성인층과 아동층을 모두 수렴하고자 할 때 여러가지 문제점이 노출되어 둘 중 하나를 선택할 수밖에 없었다. 아동이 읽기 위해서는 단어 선택이나 문장의 길이 등 형식적인 측면 뿐 아니라 원전의 해학적인 성적 묘사 등을 삭제하거나 완화해야 하는 등의 내용적 측면의 배려가 필요하다. 반면 성인용은 단어선택이 자유롭고 고사성어 등을 그대로 쓸 수 있으며 원전의 해학적 특징을 충실하게 살릴 수 있어 고유의 맛을 느끼게 하는 데 용이하고 새로운 콘셉트를 추가하는 것이 자유롭다.

그러므로 두 계층을 모두 소화하는 글을 창작하는 것은 불가능한 일일 것이다. 더군다나 아동용 동화도 나이에 따라 또 세분화되어야 하는 상황인지라 모든 계층을 수렴하는 창작은 어렵다. 이번에 창작된 『비토섬 토끼와 자라 이야기』는 10-15세 정도의 학생들을 주요 독자층으로 설정했다. 테마파크를 찾는 가족단위의 자녀 연령층은 6-15세 정도이며 6-9세 용은 위에서 밝힌 바와 같이 그 연령층에 맞는 또 다른 동화책이 나와야 할 것이다. 부모나 연인들이 읽을 만한 성인용 버전의 창작도 추후 진행되어 적어도 비토별전은 세 가지 연령대에 맞는 도서가 나오는 것이 바람직하다.

① 성인용
② 아동 고학년용(청소년 일부 포함)
③ 아동 저학년용(유아 일부 포함) - 그림 동화 형식

3. 동화의 줄거리

옛날 옛적 옥황상제는 하늘과 땅과 바다를 다스리는 왕 중의 왕이었습니다. 혼자 세상

을 다스리려니 힘들어 동해·서해·남해·북해에 용왕을 네 명 두었습니다. 처음에는 사이가 좋았던 사해 용왕이었지만 옥황상제가 물러나고 네 명의 용왕 중 한 명이 그 뒤를 잇는 때가 되자 시기와 질투를 일삼기 시작했습니다. 결국 남해 용왕과 북해 용왕이 한바탕 결투를 하게 되자 이 사실을 안 옥황상제는 두 용왕을 크게 꾸짖고 그 벌로 그들에게 맡겼던 바람과 번개를 빼앗아 버렸습니다.

한편 비토리 천왕봉에는 말썽쟁이 토끼(토달이)가 아내 토끼(토순이)와 함께 살고 있었습니다. 토달이는 원래 월국(달나라)에서 서왕모의 보물을 보관해둔 보화장의 관리였습니다. 그러나 노름에 미쳐 재산을 다 날린 뒤 서왕모의 보물까지 손을 대다가 결국 인간 세계로 쫓겨났습니다. 거기서 토순이란 아내를 만나 결혼을 하게 되지만 월국에서의 나쁜 버릇이 쉽게 고쳐지지 않았지요. 여전히 술 마시고 노름하는 것을 즐겼던 것입니다.

토달이의 장인토끼는 신선들이 내려와 쉬어 간다는 골짜기(신곡)를 대대로 관리하는 사람이었습니다. 열한 명의 신선들이 삼천 년에 한 번씩 내려와 인간 세상을 위한 기도를 하면 삼천년 된 커다란 잠자리가 나타나 풀잎에 알을 낳고 가지요. 그 풀이 삼천년을 더 지나면 우담바라꽃을 피우게 되고 알은 우담바라꽃의 열매로 변하게 됩니다. 그러면 장인토끼가 그 열매를 따서 신선들에게 바치게 되지요. 그 열매를 토달이가 과일인 줄 알고 먹고는 신비한 힘을 얻게 됩니다. 하지만 나이 값 못하고 동네에서 말썽만 일으키는 사고뭉치로 여전히 살아간답니다.

남해 용왕은 북해 용왕과 결투를 벌인 뒤 용궁에서 우울하게 지냈습니다. 그러다가 영덕전이 지어진 것을 보고 기분전환도 할 겸 잔치를 베풀었습니다. 이때 삼해 용왕이 초청되었습니다. 잔치가 무르익던 중 북해 용왕의 제안으로 술내기를 벌이게 되고 그 자리에서 남해 용왕은 너무 술을 많이 마셔 병을 얻게 됩니다.

좋다는 약을 다 써보아도 듣지를 않던 차에 수궁에 선의도사가 나타납니다. 남해 용왕이 병을 얻게 된 것은 북해 용왕의 번개에 맞아 간이 상한데다 독한 산호주를 마셔 병이 더 깊어졌다고 일러줍니다. 그리고 약은 단 하나, 토끼의 간밖에 없다고 말합니다. 이에 용왕은 신하들을 모아 토끼의 간을 구하러 갈 사신을 찾았습니다. 결국 별주부가 뽑혀 인간 세계로 나가게 되지요.

보름날 천왕봉에서 별의별 동물들이 모여 회의를 한다는 소식을 듣고 별주부는 토끼가 올지 모른다는 생각으로 모임 장소로 나갑니다. 아니나 다를까 거기에서 토달이를 만납니다. 별주부는 토달이에게 수궁으로 가면 벼슬과 명예, 돈을 얻을 수 있다고 꾀어 함께 가기로 했지요. 그 전에 토달이가 토순이에게 작별 인사를 하러 가서는 임신한 아내를 껴안으면서 자리 잡는 대로 꽃가마를 보내 수궁으로 부르겠다고 약속을 하였습니다.

드디어 별주부는 토달이를 태우고 나흘 동안 바다를 달려 수궁에 도착하였습니다. 토달이는 가자마자 자기 배를 가르겠다는 용왕의 말을 듣고 별주부에게 속게 된 사실을 알게 되었습니다. 하지만 토달이는 침착하게 꾀를 내어 간을 육지의 소나무에 걸어놓고 왔다고 합니다. 별주부와 함께 가서 그것을 가져오겠다고 용왕을 설득하여 육지로 향하게 됩니다. 별주부의 등에 타고 육지를 향하던 중 달밤에 월등도라 착각하고 뛰어내렸는데 그것은 달빛을 받은 월등도가 바다 위에 만든 그림자였습니다. 결국 토달이는 바다에 빠져 죽어 토끼섬이 되었습니다. 별주부는 토달이가 죽자 용왕을 뵐 자신이 없어 수궁으로 가지도 못하고 인간 세계에 가서 살 자신도 없어 고민을 하다 바다 위에서 굶어 죽게 됩니다. 그 자리는 나중에 거북섬이 되지요.

토순이는 남산처럼 배가 부른 채 수궁에 간 남편을 하염없이 기다려도 오지 않아 매일같이 눈물로 보냈습니다. 자혜리 돌끝 절벽에서 남편이 행여 올까 하루도 빠짐없이 나오던 어느 날, 보름달이 뜬 것을 보니 예전에 토달이와 함께 보냈던 행복한 시간들이 그립기만 합니다. 또 왈칵 눈물이 쏟아지는데 갑자기 토순의 몸이 절벽 아래로 떨어지게 됩니다. 균형을 잃은 것인지 일부러 뛰어내린 것인지 모르지만 토순이가 물에 빠진 그 자리는 목섬이 되지요.

토끼섬, 거북섬, 목섬... 토순이가 떨어져 죽어 목섬이 된 그날, 보름달 휘영청한 밤에 신곡에서 은은한 불빛이 일더니 토끼섬으로 날아왔습니다. 투명한 날개를 가진 커다란 잠자리였습니다. 토끼섬을 세 바퀴 도니 토끼섬 연못 위에 토달이가 삼켰던 우담바라 열매가 떠오릅니다. 잠자리는 그것을 꼬리로 찍어 목섬으로 날아갑니다. 목섬 위 하늘에서 열매를 떨어뜨리자 목섬에 닿기 무섭게 강력한 빛을 내며 보름달을 향해 나아갑니다. 그 빛을 타고 토달이와 토순이는 다시 살아 월국으로 갔습니다. 이들을 본 사람이 아무도 없지만 한 달 뒤 보름달에는 떡방아 찧는 토달이와 그 옆에서 애를 업고 남편을 도와주는 토순이가 보였습니다. 우담바라 열매 때문에 다시 살아 난 토달이는 술과 노름을 끊고 평생 토순이와 새로 태어난 자녀와 함께 행복하게 살았답니다.

4. 각 장의 구성

<표 IV-1> 『비토섬 토끼와 자라 이야기』의 각 장의 구성

장	내용
1장 남해 용왕과 북해 용왕의 결투	왕 중의 왕인 옥황상제와 동해·서해·남해·북해 바다에 용왕 네 명이 함께 평화롭게 세상을 다스리고 있었다. 새로운 옥황상제를 뽑게 되는 상황이 되자 네 명의 용왕들 사이에서 왕위를 두고 분열이 일어나 급기야 남해 용왕과 북해 용왕이 심하게 싸우게 되고 옥황상제는 크게 실망한다.
2장 말썽쟁이 토달이	월국의 보화장 관리였던 토달이는 큰 죄를 짓고 지상으로 쫓겨나 남쪽바다의 비토섬 천왕봉에서 토순이를 아내로 맞아 살게 되었는데 그 곳에서도 날마다 술에 취해 말썽만 부리며 지내고 있다.
3장 토달이의 비밀	아내 토순이가 임신했다는 소식에 토달이는 마음을 고쳐먹기로 하고 처갓집에 같이 가기로 하지만 토달이는 사실 장인이 관리하던 신선들이 먹는 삼천년 만에 열리는 우담바라 열매를 취중에 먹어버린 큰 실수를 하여 처가로부터 외면 받으며 살고 있었다.
4장 남해 용왕의 화해	남해 용왕은 옥황상제에게 잃은 점수도 회복하고 화해도 할겸 북해 용왕을 초대하여 주연을 베푸는데 북해 용왕과 무리한 술내기를 벌이다가 그만 정신을 잃고 만다.
5장 용왕의 발병	연회에서 북해 용왕과의 무리한 술내기 후유증으로 큰 병을 얻은 남해 용왕은 토끼의 간이 약이 된다는 선의 도사의 말을 듣고 토끼의 간을 구하러 갈 자를 정하기 위해 회의를 소집한다.
6장 수정궁 회의	수정궁에 모인 용궁의 대신들은 서로 토끼의 간을 가지러 가겠다고 옥신각신 하며 논쟁을 하고 있는데 홀연히 별주부라는 신하가 나타나 자신이 토끼의 간을 가져올 적임자라며 용왕을 설득하고 마침내 사신으로 뽑히게 된다.
7장 사신이 된 별주부	별주부는 화공이 그려준 토끼화상을 목 안쪽에 깊숙이 간직하고 용왕에게 하직 인사를 올린 후 토끼 간을 구하러 육지에 가기위해 궁궐을 나선다.
8장 별주부 가족과의 이별	용왕의 사신이 되어 육지로 향하는 길에 집에 들른 별주부는 친척들과 모친, 그리고 아내에게 작별 인사를 하고 짐을 챙겨 대문을 나선다.

| 9장 신천지에서 만난 별주부 친척 | 드디어 육지에 도착한 별주부는 처음 보는 경치에 신기해 하다가 우연히 먼 친척 뻘인 남생이를 만나 극진한 대접을 받고 천왕봉 하늘연못에서 산중 짐승들이 회의를 한다는 정보를 얻게 된다. |

| 10장 동물회의 | 하늘연못에 온갖 동물들이 모여 동물의 임금인 호랑이를 중심으로 사냥꾼들과 사냥개들을 물리칠 방안을 궁리해본다. 그러나 호랑이는 약삭빠른 여우의 꼬임에 판단력이 흐려지고 이에 실망한 동물들은 뿔뿔이 흩어진다. |

| 11장 토달이와 별주부의 만남 | 회의에서 토달이를 발견한 별주부는 수궁에 가서 벼슬을 하고 용왕의 신하가 되어달라는 말로 토달이를 설득한다. 이에 토달이는 자기가 사는 이 아름다운 산 속을 버리고 못 간다며 버틴다. 마침 나타난 여우도 토달이가 수궁으로 가는 것을 반대한다. 별주부는 여우가 좋은 곳에 가는 것을 시기하는 거라고 토달이를 설득하자 마침내 토달이는 아내에게 마지막 인사를 하겠다며 집으로 간다. |

| 12장 토달이와 아내의 이별 | 토순이는 갑작스레 수궁으로 떠나게 되었다는 남편 토달이에게 무슨 일이 생길까 염려하지만 태어날 아이와 남편의 미래를 위해 울면서 배웅을 하고 토달이는 토순이를 뒤로 한 채 집을 나선다. |

| 13장 용궁으로 가는 토달이와 별주부 | 몇 달 동안 가족을 떠나 육지에서 토끼의 간을 찾아다니던 별주부는 드디어 토달이를 만나 등에 태우고 수궁을 향해 길을 떠나는데 둘이 함께 가는 그 여정이 고생스러워도 바쁜 마음에 길을 재촉한다. |

| 14장 토달이의 위기 | 수궁에 도착한 토달이는 별주부가 자기를 데려온 이유가 용왕의 병을 낫게 할 자기의 간 때문이라는 것을 알고 망연자실하지만 자기의 간을 꺼내어 나뭇가지에 걸어 놓고 가져오지 않았다는 재치 있는 기지로 용왕과 별주부 그리고 수궁의 모든 대신들을 설득하여 별주부와 함께 다시 육지로 향한다. |

| 15장 다시 육지로 향하는 토달이와 별주부 | 토달이와 함께 수궁을 나선 별주부는 마음도 급하고 초조하지만 등에 업은 토달이의 비위를 맞춰주면서 열심히 육지를 향해 헤엄쳐 간다. |

| 16장 토달이와 별주부와 토순이의 운명 | 육지가 가까워오자 흥분한 토달이는 달에 비친 월등도를 착각하여 오르려다 바다에 빠져 죽어 토끼섬이 되고 별주부도 그 옆에서 오도 가도 못하고 죽어서 자라섬이 된다. 한편 남편이 돌아올 날만 기다리던 토순이도 절벽에서 떨어져 죽어 목섬이 된다. |

| 17장 다시 월국으로 | 그러던 어느 날 큰 잠자리가 토끼섬으로 날아와 토달이가 오래 전에 먹은 우담바라 열매를 떠오르게 하고 그 열매를 목섬에도 닿게 하자 엄청나게 밝은 빛이 보름달을 향해 비춘다. 이에 놀랍게도 토달이와 토순이가 다시 살아나 그 빛을 타고 보름달로 가게 되는데 토달이와 토순이는 그 곳에서 아이 낳고 떡방아 찧으며 행복하게 평생 잘 살았다. |

테마파크 스토리텔링 기획의 실제

2장 테마파크 강화 콘텐츠 2

– 애니메이션 <별주부전의 고향 비토섬>

1. 개요

　줄거리만 남은 '비토섬 별주부전'의 설화를 한 편의 완결된 동화로 각색하여 출간한 것이 『비토섬 토끼와 자라 이야기』이다. 테마파크가 완공되면 내부 상영관에서 상영할 콘텐츠가 필요한데 별주부전 설화의 성격 상 애니메이션 장르가 적당하다. '비토섬 별주부전 설화'를 동화로 각색한 『비토섬 토끼와 자라 이야기』를 애니메이션의 원작으로 삼아 애니메이션 대본 각색과 제작에 들어갔고, 완성된 영상물은 비토섬 별주부전 홈페이지에 소개하여 테마파크 홍보 역할을 톡톡히 하고 있다.

2. 줄거리

　남해 용왕이 시름시름 앓게 되어 수심이 가득한 용궁에, 어느 날 선의도사가 나타나 용왕의 병에는 백약이 무효하고 오직 토끼의 간만이 약이 된다 한다. 이에 육지에 파견하여 토끼의 간을 구해올 자를 찾다가 별주부가 낙점되어 먼 길을 떠나게 된다.

　한편 육지에서는 비토섬의 천왕봉에서 동물회의가 열려 서로 살 길을 찾으려 노력한다. 별주부는 회의를 하는 무리 중에 토달이가 있음을 알아채고 접근한다. 용궁에 가면 출세할 것이라고 하자 꾐에 빠져 아내 토순에게 작별인사를 하고 용궁으로 향한다.

　용궁에 도착하자 용왕은 토달의 간을 내놓으라고 한다. 토달이는 깜짝 놀라 육지에 간을 두고 왔으니 다시 가지러 가야 한다며 위기를 모면한다. 별주부를 대동하고 비토섬을 향해 가던 토끼는 섬의 그림자를 섬으로 착각하고 바다로 뛰어내린다. 토끼가 뛰어내린 그 자리는 나중에 토끼 모양을 닮은 토끼섬이 생겨난다. 별주부는 오도가도 못하며 신세한탄을 하다가 그 자리에서 죽어 거북 모양의 거북섬이 되고 아내 토순이는 토달이를 마냥 기다리다 절벽에서 실족하여 죽게 되는데 그렇게 해서 생겨난 섬이 목섬이다.

3. 애니메이션 시나리오 소개

<애니메이션 각색 시나리오>

제목 : 별주부전의 고향 비토섬[3]

<그림 IV-1> 애니메이션 <별주부전의 고향 비토섬> 타이틀 장면

S#1. 타이틀백

바다 위에서 토끼를 태운 자라가 점점 화면을 채우는 위로 '별주부전의 고향 비토섬'이라는 제목이 떠오른다.

S#2. 토달이 집 앞(낮)

뒤로는 트인 바다가 보이고, 작은 마당도 하나 있는 토달이와 토순이의 조그만 초가집. 둘은 마당에 나와 연신 절구를 찧는다.

(Na) 옛날 옛날, 아주 먼 옛날. 토달이와 토순이가 사천시 서포면 비토섬에 살고 있었어요.

S#3. 용궁 앞(낮)

구름을 탄 선의도사가 미끄러지듯 용궁으로 들어간다.

---

3. 별주부전 테마파크 홈페이지(http://bitogaza.com/)에 소개된 애니메이션, <별주부전의 고향 비토섬>을 필사하여 작성한 애니메이션 시나리오임.

S#4. 용궁 편전(낮)

병색 가득한 용왕이 옥좌에 앉아 있고 상어와 오징어, 가재, 고등어, 도미 등의 신하들이 근심어린 표정으로 용왕을 지키고 서 있다.

그때, 선의도사가 펑, 하고 나타나서는,

선의도사   남해 용왕 병이 깊다는 소식을 듣고 왔습니다.

선의도사, 용왕의 맥을 짚어본다.

선의도사   이 병은 북해 용왕의 번개에 맞아 간이 상한데다,

북해용왕의 번개를 맞던 용왕의 모습이 나오고 다른 용왕들과 함께 산호주를 폭음하는 장면 위로
선의도사   독한 산호주를 많이 마셔 병이 더 깊어진 것으로, (골똘히) 약은…….

문어 대신이 걱정스런 표정으로 앞으로 나오며 말한다.

문어   야……, 약이 있습니까?
선의도사   (은근하게 미소 지으며) 딱! 하나 있지요.

상어 대신도 앞으로 나와 다그쳐 묻는다.

상어   그, 그게 무엇이오?
선의도사   바로 토끼 간입니다.
문어   토, 토끼 간?
선의도사   맞습니다. 토끼의 간만이 용왕님의 병을 고칠 수 있습니다.

선의도사의 말에 귀를 기울이는 대신들.

오징어   (비웃으며) 손발도 없는 자네들보다는 다리가 10개나 있는 내가 가야지. 암.
가 재   다리가 10개나 있으면 뭐해? 자네 육지에서 숨 쉴 수 있나? 없지! 그러니 바다에서도 육지에서도 숨을 쉴 수 있는 내가 가야지.

4부 테마파크 콘텐츠 강화 및 맺음말

상 어	하지만 자네는 집게발이 무거워서 균형 잡기 어렵지 않겠나?
가 재	그래서 자네가 가겠다고? 다리도 없으면서?
상 어	아닐세. 내가 아니라 별주부가 가는 것이 가장 좋다고 생각하네.
오징어	별주부? 음……. 그것도 좋겠군. 일단 팔다리는 있으니…….

그러자 별주부가 용왕에게로 걸어 들어온다.

별주부	네, 저를 보내 주십시오. 토끼란 놈이 어떻게 생겼는지는 모르나, 달리기 경주를 하더라도 이길 자신 있습니다.
용 왕	좋다. 별주부, 네가 가서 토끼의 간을 구해 오너라.

S#5. 용궁의 일실(낮)

문어는 도화지에 토끼의 모습을 그려주고, 별주부와 삼치는 그것을 지켜본다.

문 어	이렇게 생긴 것이 토끼요. 두 귀는 쫑긋하니 기다랗고 털빛은 희고 두 눈은 시뻘겋고 깡총깡총 뛰어다니지요.

토끼 생김새에 대해 설명을 들은 별주부는 주먹을 쥐며 말한다.

별주부	잘 알았소.

S#6. 비토섬 천왕봉(낮)

호랑이 왕을 중심으로 토달이(토끼)와 다람쥐, 너구리, 사슴, 기린 등 육지 동물들이 모여 있다.
별주부, 헤엄쳐서 점점 가까이 다가간다.

호랑이	너희들도 알다시피 인간에 의해 우리가 숨을 숲이 점점 줄어들고, 우리의 안전도 크게 위협받고 있다. 그래서 오늘 이 자리에서 어떻게 하면, 평화롭고 안전하게 살아갈 수 있을지 대책을 세워보려 한다. 좋은 의견이 있으면 말하라!

좋은 의견을 골똘히 생각하는 동물들.

너구리	인간들도 지독하지만, 더 미운 것은 사냥개입니다. 같은 동물이면서도 어떻게……. 그냥 호랑이님이 다른 짐승 잡아먹지 말고, 세상에 있는 사냥개 모두 잡아먹으면 안 될까요? 그러면 우리는 살맛이 날 것입니다.
호랑이	나도 그러고는 싶지만, 항상 총을 든 사냥꾼이 따라다녀 너무 위험하구나.
너구리	그러면 사냥개는 제 명대로 오래 살겠네요.

별주부는 얼굴을 반쯤 내민 채로 그들의 이야기를 듣다가, 육지로 올라와 토달이에게 다가간다. 그리고는 문어가 그려준 토끼의 초상화를 꺼내 비교한다.

별주부	자네가 토끼라는 생물인가?
토달이	그렇소만. 그건 왜 물으시오?
별주부	나는 남해 수궁에 사는 별주부라 하오. 육지에 사는 토끼라는 생물이 재주가 뛰어나 호랑이도 능히 속일 수 있다는 이야기를 들으신 남해 용왕님께서 토끼 같은 신하가 있으면 참 좋겠다 하시며 당신을 모셔오라 나를 보냈소.
토달이	그게 정말이오? 하하하. 좋소. 내 당장 집에 가서 짐을 싸겠소.

별주부는 의심 없이 마냥 기뻐하는 토달이를 보며 미소 짓는다.

S#7. 토달이 집 길목(저녁)
토달이가 신나게 집으로 뛰어간다.

토달이	여보~. 이제 우리 고생은 끝이오. (토순이의 손을 잡으며) 수국 용왕님께서 내게 벼슬자리를 주신다 하오. 하하하~.
토순이	(풀죽어서) 여보, 그게 참말이면 좋겠지만, 육지생물이 바다에 가는 건 위험하지 않을까요? 우리 아이들도 곧 태어날 텐데…….
토달이	걱정마오. 내 용궁에 가서 큰 벼슬자리 하나 받아 오리다. 그래서 이 아이들에게 자랑스러운 아버지가 되겠소. 자리 잡는 대로 꽃가마를 보내리다.

그 모습을 지켜보던 별주부는 토달이의 마음이 바뀔세라 재촉한다.

별주부   결심이 섰으면 어서 떠납시다.

S#8. 바다 위(저녁)
별주부는 토달이를 등에 태우고 바다 속 용궁으로 향한다.

S#9. 용궁 앞(저녁)
드디어 웅장한 용궁이 보인다.

S#10. 용궁 안(저녁)
용왕 앞으로 별주부가 걸어 들어온다. 그리고 그 뒤에 토달이가 따른다.

별주부   용왕님. 명 받들어 토끼를 데려왔습니다.
토달이   에헴. 용왕님, (자신을 가리키며) 제가 바로 그 유명한 토끼입니다.
용 왕   (무표정으로 수염을 쓰다듬으며) 그래, 두 귀는 길쭉하니 쓸데없이 길고 눈은 시뻘겋고 털빛이 하얀 것을 보니 (눈을 번쩍이며) 네 정녕 토끼로다.
토달이   100% 순수 토끼이옵니다요.
용 왕   잘 알았다. 여봐라! 당장 저 토끼의 간을 꺼내라.

이에 상어는 들고 있던 창을 토끼 앞에 가져가고 토달이는 깜짝 놀란다.

토달이   제, 제 간이요? 그건 왜요?
별주부   내 사실 자네를 데려온 건, 용왕님 병에 자네 간이 약이라는 소리를 들었기 때문일세.
토달이   (놀랐지만 웃으며) 하하하! 그런 거면 진작 사실을 말해주지 그랬나.
별주부   뭐라고?
토달이   육지생물은 바다 생물과 달리 간을 몸 밖으로 꺼낼 수 있다네. 내 얼마 전 술을 많이 마셔, 간을 밖으로 꺼내 씻은 후 우리 집 뒤 소나무에 걸어놓았지. 그래서 지금 내게는 간이 없네.
별주부   그게 정말인가?

토달이   정말이네. 그러니 어쩌겠나. 다시 육지로 가야지.

용왕은 수염을 쓰다듬으며 걱정스런 표정으로 바라본다.

S#11. 바다 위(밤)
별주부 등에 탄 토달이는 다시 육지로 향한다. 이윽고 토달이는 별주부의 등에서 육지로 뛰어내린다.

토달이   이보게, 간을 몸 밖으로 꺼낼 수 있는 생물이 세상 천지에 어디 있다던가. 육지에 도착했으니 나는 그만 가보겠네.

S#12. 비토섬 근처 바닷가+ 절벽 위
내레이션에 맞춰 토달이가 별주부 등에서 육지로 뛰어 내리면 월등도와 토끼를 닮은 토끼섬이 보이고, 토끼를 놓쳐 허망하게 머물다 굶어죽는 별주부의 모습과 함께 거북을 닮은 거북섬의 모습이 보인다. 그리고 절벽 위에 서있는 토순이의 모습이 비치는 모습 위로-

(Na) 그러나 토달이가 뛰어내린 곳은 육지가 아니라 달빛이 만들어낸 월등도 그림자였습니다. 훗날 토달이가 빠져 죽은 그곳에는 토끼를 닮은 토끼섬이 하나 생겨났지요. 그리고 토끼를 놓쳐버린 별주부 역시 용궁으로 돌아가지 못하고 바다 위에서 굶어죽고 말았습니다. 그 자리에서는 거북을 닮은 거북섬이 생겨났습니다. 그럼 토달이의 아내, 토순이는 어떻게 되었을까요?

S#13. 비토섬 바닷가 절벽 위
절벽 위에서 바다를 바라보며 토달이를 기다리는 토순이.

토순이   (눈물을 닦으며) 서방님……, 언제 오시는 거예요……. 흑흑!

토순이는 돌아오지 않는 토달이를 생각하며 불러온 배를 어루만진다. 그리고는 계속 울면서 바다를 바라본다.

토순이   서방님……. (발을 헛디디며) 아……, 아악!

S#14. 비토섬 근처의 바다
토순이가 빠져 죽어 생긴 목섬이 보이고, 토끼섬, 거북섬 등도 함께 보인다. 그 위로,

(Na) 하염없이 토달이를 기다리던 토순이는 절벽에서 발을 헛디뎌 떨어져 죽고 말았습니다. 그리고 그 자리에는 목섬이 생겨났지요. 여러분, 사천시 서포면 비토리에 오시면, 토끼와 거북이의 슬픈 전설이 있는 토끼섬, 거북섬, 목섬을 볼 수 있답니다.

내레이션이 끝나면 거북섬, 토끼섬, 목섬이 한 눈에 보이는 화면위로 '별주부전의 고향 비토섬'이라는 제목이 뜨고 엔딩.

3장 맺음말

1. 연구 정리

본 연구는 사천 비토섬 별주부전 테마파크를 구체적인 대상으로 하여 테마파크의 스토리텔링 기획의 하나의 모델을 제시하였다.

스토리텔링 기획에 있어서 사천 비토섬 별주부전 설화를 원전으로 하고 세인에게 널리 알려진 수궁가의 스토리를 일부 합본하여, 이야기를 더욱 풍성하게 하고 익숙함에서 오는 자연스러움을 도모하고자 하였다.

별주부전 테마파크 스토리텔링의 콘셉트는 원전의 판타지성을 살리고 관람객의 능동적인 체험 참여를 흥미롭게 유도하기 위해 '환상적인 미션형 어드벤처' 타입으로 설정하였다. 별주부전에 등장하는 용왕이 미션을 내리고, 관람객이 별주부 캐릭터를 맡아 각 공간에서 펼쳐지는 프로그램을 체험하며 미션을 수행해나가는 형식이다. 이는 테마파크의 정의와 특성에서 공통적으로 거론되는 주요 항목, '체험'이란 요소를 관람객에게 극대화시키기 위해 컴퓨터 게임과 같은 강력한 인터랙티브 방식의 상호작용성을 충분히 고려하였다.

또한 텍스트의 스토리를 주요 장면 위주로 14개의 시퀀스로 나누고 관람객의 이해와 참여도를 높이고자 스토리를 순차적으로 전개시켰으며 그에 따라 프로그램을 기획하고 도입 시설을 설정하였다.

본 스토리텔링의 동선은 관람객으로 하여금 스토리에 몰입할 수 있고 흥미를 유발시키며 행동의 편의성을 적극적으로 고려하여 디자인되었다.

테마파크 이용이 종료된 이후에도 가정에서 홈페이지를 통해 진행되는 행사에 관람객이 적극적으로 참여하여 별주부전 스토리를 새롭게 만들어가는 <비토별 외전>은 온라인상의 인터랙티브 스토리텔링 영역을 테마파크가 적극적으로 활용한 사례라 할 수 있다.

2. 제언

비토섬 테마파크 건립에 투입되는 향토사업비 범위 안에서 테마파크 스토리텔링의 콘셉트를 '환상적인 미션형 어드벤처'로 잡고 진행하는 데 다소 무리가 따르는 것이 사실이다. '환상'이란 단어와 '어드벤처'라는 단어가 지니고 있는 엄청난 조성 경비는 미국의 대표적인 테마파크, 디즈니랜드에서 쉽게 알 수 있다.

별주부전 테마파크에서 가장 중요한 공간인 용궁을 짓지 못한다면 '환상'과 '어드벤처' 콘셉트를 어떻게 살릴 수 있을 것인가, 하는 문제가 관건이다. 결국 용궁 없는 '환상'과 '어드벤처'는 스토리텔링에서 해답을 찾는 수밖에 없다.

관람객을 별주부전의 시공간에 편입하는 것이 '판타지'이며 그의 발자취를 쫓아 미지의 세계로 한 발 한 발 내딛는 것이 '모험'이라는 기획, 그것은 분명 스토리텔링에서 발아했다. 하지만 이 아이디어의 씨가 화려한 꽃을 피우기 위해서는 테마파크 조성 경비가 일정 수준은 햇빛과 물처럼 공급되어야 한다는 사실이다.

또한 별주부전의 시간적 배경이 옛날이라고 해서 테마파크가 구시대적이어서는 안 된다. 본 연구는 전자팔찌, 포토룸, 미션퀴즈컴 등 전산프로그램을 활용하여 정보처리를 하는 미션형 스토리텔링으로 기획되었다. 향후 여건이 된다면 첨단 컴퓨터정보통신기술을 활용한 미션형 스토리텔링을 추가할 수도 있을 것이다.

외국 사례에서 본 산타 마을[4]의 경우, 성공 요인이 산타 클로스라는 캐릭터에 있음을 알 수 있었다. 별주부전 테마파크도 토끼와 자라 캐릭터를 살리는 데 역점을 두어야 한다.

일례로 토끼와 자라가 이야기로만 존재하지 않고 실제 살아있는 판타지로서 관람객과 소통하는 것이다. 별주부와 토끼에게 편지를 쓰는 날로 별주부데이, 토끼데이를 정하고 각종 이벤트를 벌여 비토섬의 축제일로 자리잡는 것도 방법 중의 하나이다.

오락형 테마파크에서 중요한 도입시설은 어트랙션(영상, 쇼 등을 결합하여 제공되는 놀이기구)이다. 별주부전의 콘셉트를 살린 어트랙션의 개발(예 : 비토 라이드, 수중으로 내려꽂히는 청룡열차 등)과 설치·운용은 놀라운 경험을 함께 선사할 수 있는 훌륭한 요소이다.

성공적인 테마파크로 나아가기 위해서는 향후 끊임없는 재투자와 업그레이드가 필요하다. 시설은 물론이고 프로그램의 갱신도 함께 이루어져야 한다. 디즈니랜드는 각 코너를 2년에 한 번씩 바꾸는 것으로 유명하다. 뻔히 알고 있는 식상한 놀이로 관람객의 발길을 잡는 것에는 한계가 있기 때문이다.

---

4. 핀란드 로바니에미에 위치한 산타마을은 스토리의 전개 보다 산타 클로스라는 캐릭터와 핀란드의 자연환경적 여건에 중점을 두고 두가지 요소를 잘 조화시킨 스토리텔링에 주력하였다.

표목차

<표 I-1> 테마파크의 정의
<표 I-2> 분류 기준에 따른 테마파크의 유형
<표 I-3> 테마파크의 개념적 주제 및 내용별 분류
<표 I-4> 테마파크 스토리텔링의 과정
<표 II-1> 사천시 유형별 관광자원 현황
<표 II-2> 사천시 지정문화재
<표 II-3> 사천시 문화재현황(2009년 1월 5일 현재)
<표 III-1> 비토섬 별주부전의 시퀀스별 요약표
<표 III-2> 구성에 따른 연출개요표
<표 III-3> 이용권 종류에 따른 이용 금액과 특전
<표 III-4> 디오라마관 구성 내용
<표 III-5> 구성에 따른 제2 개별기획안
<표 III-6> 도입시설
<표 III-7> 전체동선(2안)
<표 III-8> 안내소-1안과 2안의 차이점
<표 III-9> 토끼놀이동산 & 용궁입구-1안과 2안의 차이점
<표 III-10> 용궁-1안과 2안의 차이점
<표 III-11> 신천지공원-1안과 2안의 차이점
<표 III-12> 미로공원-1안과 2안의 차이점
<표 III-13> 용궁행 수로-1안과 2안의 차이점
<표 III-14> 전시관-1안과 2안의 차이점
<표 III-15> 전망대-1안과 2안의 차이점
<표 III-16> 야외공연장-1안과 2안의 차이점
<표 IV-1> 『비토섬 토끼와 자라 이야기』의 각 장의 구성

그림목차

<그림 I-1> 테마파크의 유래
<그림 II-1> 사천시의 위치
<그림 II-2> 사천시 주변 지도와 섬들
<그림 II-3> 사천시 관광 명소
<그림 II-4> 사천시 지정문화재
<그림 II-5> 사천시 축제 현황
<그림 II-6> 별주부전 전설의 섬 위치도
<그림 II-7> 토끼섬
<그림 II-8> 거북섬
<그림 II-9> 월등도
<그림 II-10> 목섬
<그림 III-1> 제1 개별기획안 조감도
<그림 III-2> 제1 개별기획안 배치도
<그림 III-3> 제1 개별기획안 목적동선
<그림 III-4> 제2 개별기획안 선택동선
<그림 III-5> 주차장 및 진입광장
<그림 III-6> 매표소 & 안내소 투시도
<그림 III-7> 미션수행 체크카드 예 : 앞면에는 테마파크 배치도를 제공한다.
<그림 III-8> 포토북(표지 및 내지)
<그림 III-9> 미니어처맵
<그림 III-10> 포토룸 조감도
<그림 III-11> 포토부스 조감도
<그림 III-12> 별주부 모자 및 의상
<그림 III-13> 포토룸 1 배경그림
<그림 III-14> 트릭 아트
<그림 III-15> 관람객의 촬영 순서도
<그림 III-16> 토끼놀이동산(제1 안)
<그림 III-17> 미니어처맵
<그림 III-18> 토끼놀이동산의 토끼 모양 안내판
<그림 III-19> 디오라마관의 예
<그림 III-20> 등나무 터널
<그림 III-21> 죽부인 동굴 1, 2
<그림 III-22> 풋살 및 간이 농구대
<그림 III-23> 잔디썰매
<그림 III-24> 눈썰매
<그림 III-25> 포토룸 배경 그림
<그림 III-26> 해변산책로 & 수변데크 1

<그림 Ⅲ-27> 제3 포토룸 배경 그림 - 입궁하는 별주부
<그림 Ⅲ-28> 갯벌 체험
<그림 Ⅲ-29> 갯벌에 세워진 자라 모양의 안내판
<그림 Ⅲ-30> 신천지공원
<그림 Ⅲ-31> 포토룸 배경그림 1-용왕 알현
<그림 Ⅲ-32> 포토룸 배경그림 2-문무백관회의
<그림 Ⅲ-33> 포토룸 배경그림 3-토끼화상 입수
<그림 Ⅲ-34> 토끼 그림 퍼즐 맞추기와 큐브퍼즐 맞추기
<그림 Ⅲ-35> 물고기 모자종이 접기와 종이로 만든 물고기 모자
<그림 Ⅲ-36> 풍선아트 제작과정 및 풍선아트 완성품
<그림 Ⅲ-37> 차례상 차리기
<그림 Ⅲ-38> 미로숲 입구
<그림 Ⅲ-39> 미로숲
<그림 Ⅲ-40> 포토룸 배경 그림 1 - 상좌다툼
<그림 Ⅲ-41> 포토룸 배경 그림 2 - 별주부의 신령전 제사
<그림 Ⅲ-42> 꽃이 피었을 때의 미로의 예
<그림 Ⅲ-43> 꽃이 졌을 때의 미로의 예
<그림 Ⅲ-44> 토끼마을
<그림 Ⅲ-45> 포토룸 배경 그림 1- 토끼 찾아 삼만리
<그림 Ⅲ-46> 포토룸 배경 그림 2- 토끼 꾀는 별주부
<그림 Ⅲ-47> 용궁행 수로(수변데크 2)를 향한 테마산책로
<그림 Ⅲ-48> 수변데크 2- 용궁행 수로
<그림 Ⅲ-49> 포토룸 배경 그림 1- 토끼와 입궁하는 별주부
<그림 Ⅲ-50> 포토룸 배경 그림 2- 토끼의 잔꾀
<그림 Ⅲ-51> 하늘공원 & 하늘연못, 휴게실
<그림 Ⅲ-52> 토끼간 주머니와 내용물
<그림 Ⅲ-53> 하늘연못
<그림 Ⅲ-54> 제8 포토룸 배경 그림 1-월등도라 착각하고 바다에 빠지는 토끼
<그림 Ⅲ-55> 제8 포토룸 배경 그림 2-거북섬이 된 별주부
<그림 Ⅲ-56> 제8 포토룸 배경 그림 3-토끼섬, 거북섬이 된 곳에서 달나라를 보며 가족끼리 기념 촬영
<그림 Ⅲ-57> 기념품숍
<그림 Ⅲ-58> 제2 개별기획안 조감도
<그림 Ⅲ-59> 제2 개별기획안 배치도
<그림 Ⅲ-60> 제2 개별기획안 목적동선
<그림 Ⅲ-61> 제2 개별기획안 선택동선
<그림 Ⅲ-62> 진입 전시공간 & 토끼놀이동산
<그림 Ⅲ-63> 닌자거북이
<그림 Ⅲ-64> 비토(하늘나는 토끼)
<그림 Ⅲ-65> 청룡열차
<그림 Ⅲ-66> 야외 인디시어터
<그림 Ⅲ-67> 용궁체험관 1- 투시도
<그림 Ⅲ-68> 용궁체험관 2- 투시도
<그림 Ⅲ-69> 용궁 평면도
<그림 Ⅲ-70> 인체탐험전- 장기미로
<그림 Ⅲ-71> 터널형 아쿠아리움
<그림 Ⅲ-72> 아쿠아리움-어종 안내 모니터
<그림 Ⅲ-73> 로봇물고기
<그림 Ⅲ-74> 환상적인 아쿠아쇼
<그림 Ⅲ-75> 전시관
<그림 Ⅲ-76> 대형 동화책
<그림 Ⅲ-77> 휴게데크 & 에스컬레이트 & 전망대
<그림 Ⅲ-78> 전망대
<그림 Ⅲ-79> 야외공연장
<그림 Ⅳ-1> 애니메이션 <별주부전의 고향 비토섬> 타이틀 장면

참고문헌

[도서]

강만진, 『비토섬 토끼와 자라 이야기』, 도서출판 경남, 2012.
김민주, 『성공하는 기업에는 스토리가 있다』, 청림출판, 2003.
김부식, 『삼국사기』 41권, 김유신 전.
김동건, 『수궁가·토끼전의 연변 양상 연구』, 보고사, 2007.
김창수, 『테마파크의 이해』, 대왕사, 2007.
박호표, 『관광학의 이해』, 학현사, 1997.
손대현 편저, 『문화를 비즈니스로 승화시킨 엔터테인먼트산업』, 김영사, 2004.
이혁진 외, 『관광한국지리』 대왕사, 2000.
최예정 외, 『스토리텔링과 내러티브』, 글누림, 2005.

[학위논문]

원지영, 「문학작품에 나타난 용궁 모티프를 활용한 테마파크 조성 방안」, 한국외대 석사논문, 2007.
이상원, 「서사구조특성에 근거한 테마파크 디자인에 관한 연구」, 한국과학기술원 석사논문, 2001.
장해라, 「드라마 테마파크 콘텐츠 기획에 관한 연구:MBC 드라마를 중심으로」, 한국외국어대 석사논문, 2005.
한령, 「중국 서유기테마파크 조성방안」, 한국외국어대 석사 논문, 2007.

[보고서]

강만진 외, 「사천 비토섬 별주부전 테마파크 조성 스토리텔링 연구」 연구보고서, 사천시, 2009.
국제산업정보연구소, 테마리조트·파크 기획자료, 1997.
손은일 외, 「별주부전 테마파크 조성 마스트플랜 및 기본계획」 연구보고서, 사천시, 2009.
유동환, 「안동문화관광단지 유교문화체험센터 및 홍보안내센터 기본구상 및 전략수립」 연구보고서, 경북관광개발공사, 2006.
이우상, 「별주부전 테마관광지 조성 기본계획(안)」 연구보고서, 2004.

[기타]

네이버 사전 : http://krdic.naver.com/detail.nhn?docid=30584900
네이버 지식백과 :
http://terms.naver.com/entry.nhn?cid=200000000&docId=1212248&mobile&categoryId=200000800
별주부전 테마파크 홈페이지 : http://bitogaza.com/
사천시 홈페이지 : http://www.sacheon.go.kr/main/
사천시 홈페이지 '비토섬 별주부전' :
http://toursacheon.net/sub/submain.aspx?lv1=02&lv2=01&lv3=01&lv4=00
위키백과 : http://ko.wikipedia.org/wiki/%ED%86%A0%EB%81%BC%EC%A0%84
위키백과 : http://ko.wikipedia.org/wiki/%EC%88%98%EA%B6%81%EA%B0%80

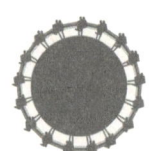

테마파크 스토리텔링 기획의 실제 — 강만진 지음

펴낸날 2013년 2월 7일
지은이 강만진

펴낸곳 도서출판 경남(대표 오하룡)
631-130 창원시 마산합포구 몽고정길 2-1
전화 (055) 245-8818~8819
팩스 (055) 223-4343
홈페이지 www.gnbook.com
e-mail gnbook@empas.com
출판등록 제567-1호(1985. 5. 6.)
편집팀 | 오태민 | 심경애 | 구도희

ⓒ강만진
* 잘못된 책은 바꿔 드립니다.
* 저자와 협의 인지 생략합니다.
* 이 책 내용의 전부 또는 일부를 재사용하려면
  반드시 저작권자의 동의를 받아야 합니다.

ISBN 978-89-7675-829-3-93300
〔값 22,000원〕